Anonymus

Gründliches Kochbuch

Anonymus

Gründliches Kochbuch

ISBN/EAN: 9783944350103

Auflage: 1

Erscheinungsjahr: 2013

Erscheinungsort: Bremen, Deutschland

@ Kochbuch-Verlag in Access Verlag GmbH, Fahrenheitstr. 1, 28359 Bremen. Alle Rechte beim Verlag und bei den jeweiligen Lizenzgebern.

Suppen.

1. Sago=Suppe.

Für 5 bis 6 Personen nimmt man einen Vierling Sago, klaubet und wäscht solchen sauber, hernach brüht man ihn zweimal mit siedendem Wasser an, läßt ihn jedesmal eine Stunde stehen und gießet das Wasser wieder durch einen Suppenseiher davon, dann gießt man siedende Fleischbrühe über, läßt ihn etliche Stunden kochen, thut ein wenig Muskatenblüthe daran, verkleppert 2 Eyerdotter, gießt ein paar Löffelvoll Sago dazu, rührt alles unter einander und richtet es so an; man kann auch ein paar Kalbs-Briesen mit kochen lassen. Zellerie - Wurzel giebt ihm auch einen guten Geschmack.

2. Gersten=Suppe.

Für 4 Personen nimm einen Vierling Ulmergerst, setze sie in halb Wasser und halb Fleischbrühe zu, thue Zellerie und gelbe Rüben dazu und laß es 3 bis 4 Stunden kochen. Kurz vor dem Anrichten drücke den Saft von einer halben Citrone daran, dann ist sie fertig.

3. Reis=Suppe mit Fleischbrühe.

Man nimmt auf eine halbe Maaß Fleischbrühe, je nachdem man die Suppe dünn oder dick haben will, ein achtel Pfund Reis, klaubet und wäscht solchen recht sauber,

sauber, und setzt ihn in einem Haafen mit der siedenden Brühe zum Feuer, rührt ihn manchmal um, daß er nicht anhängt, läßt ihn mit einer Zellerie- und etlichen Peterling-Wurzeln, auch einem Stengel Pori oder Lauch eine Stunde lang kochen, so ist die Suppe gut. Wenn die Fleischbrühe nicht fett ist, so kann man ein Stücklein Butter dazu thun und Muskatennuß darauf reiben.

4. Körbelkraut-Suppe.

Eine Handvoll Körbelkraut und halb so viel Sauerampfer wird mit ein wenig Peterling recht klein gewiegt, in einem Stücklein Butter gedämpft, und ein kleines Löffelchenvoll Mehl dazu gethan. Wenn es wohl angezogen hat, wird es mit guter Fleischbrühe angefüllt, auch Salz und Muskatenblüthe daran gethan, vor dem Anrichten werden zwey Eyerdotter mit einem Löffel voll süßen Rahm abgerührt. Die Hälfte von der Brühe wird vorher siedend über gebähete Schnitten angerichtet und zugedeckt; die übrige Brühe aber wird an die Eyerdotter gerührt. Wenn nun das Brod angezogen hat, wird diese übrige Brühe vollends dazu gethan, und sie so auf den Tisch gegeben.

5. Wasser-Suppe.

Nimm ein Stück Butter, so groß wie ein halb Hühnerey, und ein paar Handvoll Peterling, das Kraut davon wird vorher recht sauber geklaubt und gewaschen, dann zusammengebunden, die Wurzeln aber geschaben und klein geschnitten; nimm etwas Salz und 8 oder 10 gebähete weiße Brodschnitten nebst zwey in Vierteln geschnittene Zwiebeln, thue alles zusammen in einen Hafen,

ohnge=

ohngefähr eine Maaß recht siedendes Wasser darauf, und setze es auf Kohlen, bis alles weich gekocht ist. Alsdann treibe es durch einen Suppenseiher, und lasse es noch einmal aufsieden, verrühre ein paar Eyerdotter mit einem Löffelvoll recht klein gewiegten Peterling und einer Kaffeeschaale voll süßen Rahm, und schöpfe von der obbenannten siedenden Brühe etwas an die verrührten Eyerdotter. Dieses wird nun an das Vorige gegossen, wohl unter einander gerührt, so angerichtet, und Muskatennuß darauf gerieben; sollte es zu dünn seyn, so kann man ein wenig fein geschnittenes Brod darein thun.

6. Eine süße Rahm= oder Milchsuppe.

Zu einer halben Maaß Rahm oder Milch, wird nur ein paar Kaffeelöffelchenvoll weißes Mehl genommen, mit einer Eyerdotter gerührt, mit der Milch vollends dünne gemacht, und Zucker und Zimmet nach Belieben daran gethan. Hat man es unter beständigem Rühren aufsieden lassen, so wird es über gewürfelt geschnittenes weißes Brod angerichtet.

7. Zetterlein=Suppe.

Zu einem guten Löffelvoll Mehl wird ein Ey gerechnet. Nachdem man also viel oder wenig Suppe machen will, nimmt man Mehl, rührt solches mit ein wenig Milch an, schlägt die Eyer daran, und macht's mit Milch vollends so dünn, daß es wie ein Eyerstädlein=Teig ist. Mache Fleischbrühe in einer Pfanne siedend, laß mit einem Rührlöffel den Teig hinein laufen, daß es kleine Klümplein giebt. Wenn es eine halbe Viertelstunde gekocht hat, so richte es an und

reibe

reibe Muskatnuß darauf. Man kann auch den Teig in siedendes Wasser, wenn solches vorher gesalzen worden ist, laufen lassen, und mit gelb geröstetem Semmelmehl schmälzen.

8. Eyerflädlein-Suppe.

Zu einem Löffel voll Mehl wird ein Ey gerechnet. Dieses wird in eine Schüssel gethan, gesalzen, vorher mit ein wenig Milch angerührt, mehrere Eyer dazugethan, und mit Milch vollends so dünne gemacht, daß der Teig recht läuft. Dann wird Schmalz in einer Back- oder flachen Pfanne heiß gemacht, wieder in ein kleines Pfännlein herausgeschüttet, und nur soviel darinnen gelassen, daß sich das Flädlein nicht anhängt. Dann gießt man in einem Schöpflöffel den Teig in die Pfanne, und läßt ihn durch beständiges Drehen und Wenden der Pfanne überall herumlaufen, daß das Flädlein nur einen Messerspitzen dick wird. Wenn es nun auf der einen Seite gebacken ist, wendet man es um, und läßt's auf der andern Seite auch backen, aber ja nicht braun, sondern nur schön gelb. Hernach thut man wieder Schmalz in die Pfanne, und machts wie vorher, bis der Teig gar ist. Dann werden die Flädlein zusammengewickelt, und eines kleinen Fingers breit geschnitten. Nun wird eine gute Fleischbrühe mit ein Stückchen Butter und Muskatenblüthe siedend gemacht, die Flädlein werden darein gethan, und nur mit ein paar Wall aufgesotten. In der Schüssel, worein man die Suppe anrichtet, wird ein oder zwey Eyer mit ein paar Löffel voll Fleischbrühe verrührt, und die Flädlein darüber angerichtet.

9. Süße

Suppen.

9. Süße Mandel-Suppe.

Stoße, oder was noch besser ist, wiege oder hacke eine Handvoll Mandeln klein, röste sie nur trocken in einer meßingenen Pfanne mit einer guten Handvoll Zucker auf starken Kohlen, bis sie gelb sind. Alsdann rühre zu einer Suppe für zwey Personen nach und nach eine kleine Maaß Milch daran. Thue etwas gestoßenen Zimmet dazu, und laß es eine Viertelstunde kochen. Hernach rühre es mit ein paar Eyerdotter ab, und richte es über gebähete weiße Brodschnitten an.

10. Chocolade-Suppe.

Setze eine halbe Maaß gute Milch oder süßen Rahm zum Feuer. Man kann auch Wein oder weißes Bier nehmen. Thue es, sobald es anfängt zu sieden, vom Feuer, rühre 3 oder 4 Löffelvoll Chocolade, nachdem man es dick oder dünne verlangt, auch etwas Zucker hinein, und laß es unter stätem Umrühren noch etliche Walle aufthun. Indessen zerklopfe 2 oder 3 Eyerdotter mit einem Löffelvoll frischem Wasser, daß sie nicht zusammen gerinnen. Nimm die Chocolade vom Feuer, und rühre die Eyerdotter damit an. Schütte es über gebähetes, weißes Brod, oder nimm ein Ey, etliche Löffelvoll Wein, ein wenig Zucker und Mehl, mache einen festen Teig, wie zu geschnittenen Nudeln, wärgle ihn einen Messerrücken dick, und schneide nicht gar zu kleine Nudeln daraus, backe solche schön gelb aus einem heißen Schmalz, und gebrauche sie statt dem weißen Brod.

11. Bier-

Suppen

11. Bier-Suppe.

Ein Löffelchenvoll Mehl wird mit zwey Eyerdotter und einem Quart guter Milch angerührt, eine halbe Maaß weißes Bier dazu gethan, und ein Stücklein Zimmet und Zucker nach Gedünken. Solches läßt man unter beständigem Umrühren ein paar Wall thun, und richtet es über gewürfelt geschnittenes weißes Brod an.

12. Eine Bier-Suppe ohne Milch.

Laß eine halbe Maaß weißes Bier mit einem Stück Butter einer wälschen Nuß groß, siedend werden, zuckere es nach Belieben, zerklopfe zwey Eyerdotter, rühre sie mit siedendem Bier an, und richte es über würflicht geschnittenes weißes, oder auch schwarzes Brod an, und bestreue es mit gestoßenem Zimmet oder Muskatnuß.

13. Eine Suppe von gebackenen Eyern.

Schlage ein Ey aus, salze selbiges, streue ein wenig Mehl darauf, backe es in Schmalz, doch also, daß der Dotter weich bleibe. Hernach wiege oder hacke es ganz klein. Indessen laß ein wenig Fleischbrühe, ohngefähr ein Quart zu einem Ey gerechnet, siedend werden. Thue das gewiegte Ey darein und laß es noch ein wenig aufsieden. Hernach reibe solches mit einem Rührlöffel durch einen Seiher und würze es mit ein wenig Muskatnuß. Dann laß es noch einmal mit einem Stücklein Butter aufsieden, und richte es über weiß geschnittenes Brod an.

14. Wein-Suppe.

Thue ein Stücklein Butter in eine meßingene Pfanne, laß ihn zergehen, röste ein kleines Löffelchen
Mehl

Mehl dazu schön gelb, schütte ein Quart Wein und ein halb Quart Wasser darein, thue Zucker, Zimmet auch Nägelein daran, röste gewürfelt Herrenbrod in Schmalz, zerklopfe drey Eyerdotter in einem Hafen, schütte den Wein daran, und richte es dann über die gerösteten Bröcklein an.

15. Aepfel-Suppe.

Zu einem Quart oder Schoppen Wein und eben so vielem Wasser, nimm drey oder wenn sie klein sind, vier Porstorfer Aepfel, schäle und schneide sie in Stücke, lasse sie mit Zucker, ganzem Zimmet und Citronenschaalen in dem Wasser und Wein so lange sieden, bis sie weich werden, treibe ihn durch einen Seiher, lasse sie noch einen Sud aufthun, rühre ein oder zwey Eyerdotter daran, und richte es über würflicht geschnittenes, in Schmalz geröstetes, weißes Brod an.

16. Krebs-Suppe.

Siede 25 kleine Krebse mit Salz ab, löse die Schwänze aus, thue die Galle und den Magen aus den Schaalen, und stoße sie recht fein mit Butter in einem Mörser, thue ein Stück Butter in die Pfanne, röste einen Löffelvoll Mehl schön gelb, thue die gestoßenen Krebse darein, rühr' es eine gute Weile darin herum, dann gieße gute Fleischbrühe darauf, und laß es ein wenig aufsieden, treib es durch einen feinen Suppenseiher und setze es noch einmal zum Feuer, zerklopfe zwey Eyerdotter in einer Schüssel, und rühre den halben Theil Krebsbrühe daran, bähe Schnitten von weißem Brod und lege sie in die Schüssel und die Krebsschwänze auch dazu, schütte die übrige Brüh vollends darüber, deck es ein wenig zu und trags auf.

17. Schne-

17. Schnecken-Suppe.

Siede die Schnecken so lange als ein paar harte Eyer, thue sie aus dem Häuslein, ziehe die schwarze Haut davon ab und schneide die Schwänze davon, lege sie noch eine Weile in Salzwasser, und putze das Schleimige sauber davon ab, wiege sie recht zart, sammt einer Handvoll Peterling, röste einen Löffelvoll Mehl in einem Stück Butter, thue die gewiegten Schnecken darein, laß sie unter stätem Umrühren ein wenig dämpfen, schütte Fleischbrühe oder Wasser, auch Muskatenblüthe oder Muskatnuß daran, und richte es über in Schmalz geröstetete Bröcklein an.

18. Habergrütz-Suppe.

Setze einen halben Viertling sauber geklaubt und gewaschene Habergrütz mit einer Maaß halb Wasser und halb Fleischbrühe zum Feuer. Lasse es mit einem Stücklein Butter und ein wenig Muskatenblüthe etliche Stunden kochen. Sollte in der Zeit die Suppe zu dick werden, so füllt man sie mit Fleischbrühe auf, treibts durch einen Seiher in die Suppenschüssel und trägts zu Tische. Man kann die Habergrütz auch unburchgetrieben essen und die Körner dabey lassen, oder mit Wasser und desto mehr Butter kochen.

19. Eine Calcutische Suppe.

Nimm eine gute Milch, laß sie sieden, nimm auch ein wenig mehr Milchrahm als die Milch gewesen ist, und thue unter den Milchrahm ein wenig Weizenmehl, rühre es wohl, und wenn die Milch siedet, so gieß den Milchrahm und ein wenig Zucker darein, laß es unter-

einander

Suppen.

einander sieden; darnach nimm weiß Brod, schneide es würflicht, röste es wohl in Schmalz, lege es in die Schüssel und gieß die Suppe darüber.

20. Eine Weinberlein = oder Rosin = Suppe.

Stoß die Weinbeeren im Mörser, sammt einem wenigen Rocken = Brod, treibe es mit gutem Wein durch und lasse es stehen, thue ein wenig Zimmet, Muskat und Nägelein daran, auch Zucker, und richte es über das gebähete Brod an.

Einige Speisen für Kranke und Genesende.

21. Ein gutes Süpplein für kranke Leute.

Röste ein wenig Mehl in Schmalz, nimm gesottenes Hennen=Fleisch, stoße es mit Hennen=Brüh durch, sammt dem geröstetem Mehl, thue Muskatblüthe daran, laß es einen Sud aufthun, und richte es über gebähete Semmel an.

Item.

Nimm Malvasier oder den besten Wein, so du hast, zerreibe Safran mit schönem Zucker darein, etwa auch gestoßenen Zimmet oder Muskatnuß, schneide Brod in eine Schüssel, ziemlich dick, oder bähe Schnittchen auf dem Rost, gieß den bereiteten Wein darüber, wenn es wohl weich ist; gieb's, (es kräftiget fast,) Morgens

und

und Abends, oder unter den Mahlzeiten, es ist im kalten Magenwehe sehr gut, sonderlich wann das Brod heiß aus dem Ofen in Wein gethan wird.

22. Ein Süpplein in Brust-, Nieren-, Lungen- und Darm-Geschwähren.

Zerreibe eine Dotter von einem neugelegten Ey, wenn es möglich ist, das allererst von der Henne kommt, in einer Schüssel, mit einer guten fetten Capaunen- oder schwarzen Hennenbrühe, die ungesalzen, je fetter je besser ist; ist sie nicht zum fettesten, so thue von einem frischen Butter, so noch in kein kaltes Wasser gekommen ist, darein. Geißschmalz ist am besten. Laß die Brühe, so zuvor siedend war, nicht mehr sieden, und gieb sie oft; sie erweichet, reiniget und heilet.

23. Ein Süpplein für den Durst.

Wenn ein Kranker oder eine Kindbetterin sehr durstig ist, so thue ein oder zwei Löffelvoll Wein über das Brod. Wenn du ihnen ein Süpplein bringen willst, so gieße die siedende Brühe von einer Henne oder von Fleisch darüber, und lasse sie, nachdem sie die Suppe gegessen, eine Weile rasten; der Durst legt sich gar fein.

24. Kraft-Suppe.

Brate ein altes Huhn. Wenn es halb ausgebraten ist, so stoße es in einem Mörser recht fein, gieße nach und nach zwey Maaß gute Fleischbrühe dazu, und laß es mit einem Vierling abgezogener und recht fein gestoßener Mandeln eine gute Stunde kochen. Dieß alles presse durch eine Serviette, laß es noch einmal aufkochen, und richte es über gebähete Schnitten von weißem Brode an. Wem's beliebt, kann Citronenschaalen mitkochen lassen, auch Citronensaft darein drücken.

25. Kühlende und geblütreinigende Kräuter-Suppe.

Nimm die jungen Stengel und Blätter von Lattuken oder Endivien, Portulack, Pfaffenröhrlein und Sauerampfer, von jedem 3 Loth und Körbel 6 Loth. Wasche sie aus lauem Wasser recht sauber, drücke das Wasser wieder davon aus, wiege oder schneide sie ganz zart, und koche die Kräuter in einem guten Quart nur wenig gesalzener Fleischbrühe bis sie recht weich sind. Thue Butter und etwas Muskatnuß oder Blüthe dazu, und richte die Suppe über etliche gebähete Schnitten an. Wems beliebt, kann einen Eyerdotter mit einem Eßlöffelvoll Rahm dazu rühren.

26. Lungen-Suppe bey Husten und schwacher Brust.

Eine Kalbs-Lunge nebst dem Herzen muß recht sauber gewaschen und in kleine Stückchen zerschnitten werden. Dann nimmt man sechs Krebse, stößt sie lebendig, und thut sie nebst einer Handvoll Körbel, eben so viel Ehrenpreis, und etlichen Huflattigblättern, alles wohl gewaschen, in einen Hafen, gießt eine gute Maaß Wasser, auch etwas mehr daran, setzt es ein klein wenig, und läßt dieses bis auf die Hälfte einkochen. Dann richtet man davon durch einen engen Suppenseiher über gebähete Brodschnitten an. Man kann einen Eyerdotter daran rühren. Von dieser Suppe vier Wochen lang täglich gegessen, hat schon manchem Kranken vortreffliche Dienste gethan.

27. Kräf-

27. Kräftiges Mus für Schwache.

Bähe dünne Schnitten von weißem Brode auf dem Roste wohl gelb, gieß so viel Zimmet und Rosen-Wasser darüber, damit sie darinnen weich werden, streue Zucker darauf, und zerrühre alles mit Mandelmilch zu einem Mus.

28. Kraft=Mus für Genesende.

Nimm das Gelbe von zwey Eyern, das aber ja nichts Weißes dabey bleibt, rühre es recht stark, thue nach Belieben Zucker und Zimmet daran, gieße ein Gläslein voll Mandelmilch dazu, und koche es zu einem dünnen Mus.

Allerhand Knöpflein zu Suppen.

29. Abgetrocknete Knöpflein.

Schneide eine Kreuzer=Semmel (Weißbrod) in der Mitte entzwey, und weiche sie in kaltem Wasser. Wenn sie nebst der Rinde weich ist, so drücke sie fest aus, mache Schmalz ungefähr so viel als eine wälsche Nuß groß, in einer Pfanne heiß, thue das ausgedrückte Brod hinein, und röste es bis es sich von der Pfanne ablöst. Dann thue es heraus und rühre, so lang es noch heiß ist, zwey

Eyer,

Eyer, nebſt Salz und ein wenig geriebene Muskatnuß daran. Lege ſie in ſiedende Fleiſchbrühe und laß ſie eine Viertelſtunde kochen. Sie ſind in allen Suppen, beſonders aber in Krebsſuppen ſehr gut. Wenn man ſie grün will, thut man fein gewiegtes Peterlingkraut und Schnittling dazu.

30. Butter = Knöpflein.

Rühre einen halben Vierling Butter recht ab. Wann dieſes geſchehen, ſo ſchlage zwey Eyer, eines nach dem andern daran, und rühre es noch eine Weile. Darnach thue Salz, ein wenig Muskatenblüthe und Semmelmehl daran, doch ſo, daß der Teig nicht gar zu feſt wird. Laſſe ihn eine halbe Viertelſtunde ſtehen, und lege hernach davon ganz kleine Knöpflein in die ſiedende Fleiſchbrühe.

31. Semmel = Knöpflein.

Verkleppere zwey Eyer recht ſtark, daß ſie ſchäumig werden. Wenn dieſes geſchehen iſt, ſo laß einer wälſchen Nuß groß Butter zergehen, ſchütte ihn daran, rühre Semmelmehl nebſt ein wenig Salz dazu; daß aber der Teig ja nicht zu feſt wird. Laſſe ihn eine Weile ſtehen, lege dann ganz kleine Knöpflein davon in ſiedende Brühe. Sollten ſie zerfahren, nimmt man noch ein wenig Semmelmehl dazu, und ſollten ſie nicht aufgehen, darf man nur den Teig mit ein wenig Milch dünner machen.

23. Knöpflein von gebrühetem Teige.

Mache in einem Pfännlein ein Quart Milch ſiedend, ſähe Mehl darein, bis der Teig dick iſt. Rühre ihn

ihn auf dem Feuer recht glatt ab, so lang bis er sich vom Pfännlein ablöst. Thue ihn dann in eine Schüssel, und rühre ihn mit einem paar Eyer, welche man vorher eins nach dem andern in heißes Wasser legen muß, an, daß er in der rechten Dicke ist, setze ganz kleine Knöpflein in heißes Schmalz, sie müssen recht auflaufen, dann sind sie recht.

33. Weiße Knöpflein von Fischen.

Gräte einen Nasen oder auch Weißfisch aus, wiege oder hacke das Fleisch mit ein wenig Citronenschaalen recht fein, rühre es mit ein paar Löffelvoll guter Milch ab, schlage zwey Eyer daran, bestreue es mit einer Handvoll Semmelmehl, gieße auf das Semmelmehl ein wenig zergangenen Butter, thue Salz und geriebene Muskatnuß dazu, und rühre alles wohl durcheinander. Lasse es eine Weile stehen, lege dann zuerst ein Knöpflein in die siedende Brühe. Sollte der Teig zu fest seyn, so kann man ein wenig Milch daran rühren. Ist der Teig recht, so kann man dann alle Knöpflein in die siedende Brühe einlegen, und eine gute Viertelstunde kochen lassen.

34. Hirn-Knöpflein.

Verrühre ein halbes Kalbshirn, laß einer wälschen Nuß groß Butter zergehen, schütte ihn dazu, schlage zwey Eyer daran, auch Muskatnuß und Citronenschelfen, rühre Semmelmehl dazu, laß den Teig eine Weile stehen, bis er anzieht, dann setze Knöpflein in siedende Fleischbrühe und laß sie langsam sieden.

35. Groß-

35. Groß-Knöpflein.

Nimm ein Quint Milch, thue ein Stücklein Butter, so groß wie eine welsche Nuß, darein, laß es sieden, dann nimm eine obere Kaffeeschaalevoll Groß, schütte es langsam hinein, tränke es wohl ab in der Pfanne, lege drey Eyer in ein siedendes Wasser und schlage eines nach dem andern darein, setze sie ganz klein in siedende Fleischbrühe und laß sie lange kochen.

36. Pret-Knöpflein.

Nimm 2 Pfund rindernes Pret, rühre es wohl ab, rühre auch ein Quart Milch und 2 Eyer daran, schütte heißes Schmalz, Muskatennuß und Citronenschelfen dazu, rühre Geigenmehl daran, und laß den Teig eine Weile stehen, bis er anzieht, dann setze die Knöpflein in siedende Fleischbrühe und laß sie kochen. Man kann auch, welches besser ist, das Geigenmehl zuvor in Schmalz schön gelb rösten.

37. Fleisch-Knöpflein.

Nimm das Fleisch von der Brust einer gesottenen Henne, wiege es nebst ein wenig Peterling und Citronenschelfen recht fein, rühre es mit ein wenig Milch und einem Ey wohl ab, thue ein Stücklein zergangene Butter und Muskatenblüthe dazu, auch rühre Geigenmehl daran, und laß es eine Weile stehen, dann setze es in siedende Fleischbrühe und laß es kochen.

38. Spinat-Knöpflein.

Eine gute Handvoll Spinat wird, nachdem er recht sauber geklaubt und gewaschen worden, mit siedendem

Waſſer angebrüht. Wann er eine Viertelſtunde geſtanden hat, wird er feſt ausgedrückt und fein gewiegt oder gehackt. Hernach nimmt man Schalottenzwiebeln, Peterling und Schnittling, wiegt oder ſchneidet es klein, dämpft ſolches in einem Stücklein Butter, und miſcht es unter den Spinat. Auch ein weißes Kreuzerbrod wird in Milch eingeweicht, wieder ausgedrückt und nebſt Salz dazu gethan, alles zuſammen mit einem oder zwey Eyern angerührt und im Waſſer geſotten.

39. Gebackene Knöpflein.

Thue Semmelmehl in eine Schüſſel, mach ein Stücklein Butter, in der Größe eines Hühnereys heiß, und ſchütte es daran, rühre zwey Eyer nebſt ein wenig Salz, Muskatnuß und Citronenſchelfen daran, ſetze kleine Knöpflein, nachdem der Teig eine Weile geſtanden, in heißes Schmalz, und back' ſie ſchön gelb heraus.

Allerley wild und zahmes Fleiſch zuzubereiten.

40. Rindfleiſch mit Zellerie.

Zu 4 Pfund Fleiſch nimm 4 große Zellerie-Wurzeln, eine Wurzel auf ein Pfund Fleiſch gerechnet, putze und waſche ſie ſauber, darin ſchneide ſie wie Aepfelſchnitz. Nimm auch ein paar gelbe Rüben dazu. Laſſe, zu einer Wurzel gerechnet, ein Stück Butter, ſo groß wie ein

Allerhand wild und zahmes Fleisch.

ein Hühner-Ey, in einem Fußhafen zergehen, dämpfe die geschnittenen Wurzeln darinnen, doch nur so viel, daß sie ganz weiß bleiben. Säe einen Löffelvoll Mehl darein, und lasse es noch eine Weile dämpfen. Schütte dann eine halbe Maaß siedende Fleischbrühe daran, thue ein wenig Muskatenblüthe dazu, und lasse es so lange kochen, bis die Wurzeln weich sind, hernach richte es über gesottenes Rindfleisch an.

41. Böf a la mod.

Nimm ein schönes dickes Stück Rindfleisch, es muß aber wenigstens 6 Pfund und vom Schlegel oder Schwanzstück seyn, wasche und klopfe es recht mürbe, schneide zu 6 Pfund Fleisch ein halb Pfund Speck, kleinen Fingers dick und halben Fingers lang. Vermische einen Eßlöffelvoll Salz mit einem Kaffeelöffelchenvoll gestoßenem Pfeffer und Nägelein. Kehre den geschnittenen Speck darin um, stich mit einem schmalen Messer in das Fleisch und stecke allemal ein Stücklein von dem geschnittenen Speck hinein, bis er gar ist. Lege dann in ein Kasserol oder tiefen Fußhafen etliche Specklein über's Kreuz. Auf diese Specklein lege breite dünne Scheiben Speck und auf den Speck das Fleisch; zu diesem 3 geschälte und mit etlichen Gewürznägelchen besteckte Zwiebel, 3 bis 4 Lorbeerblätter, ein paar Messerspitzen voll gestoßenen Pfeffer, etliche Muskatenblumen, und von einer halben Citrone die Schaale und das Mark, nebst etlichen Stückchen schwarzer Brodrinden. Wenn dieß alles geschehen ist, so gieße ein Quart Wasser, ein Quart Wein und ein halb Quart Weinessig daran, decke den Fußhafen zu, verklebe den Deckel mit Papierstreifen, welche mit einem Teig von Mehl und Wasser bestrichen worden sind, daß ja nicht der geringste Dampf herausgehen kann. Stelle es auf Kohlen, daß es langsam einkocht; es muß aber wenigstens 4 Stunden lang kochen. Eine halbe Stunde vor dem Anrichten mache den Deckel auf und thue eine halbe Citrone in Scheiben geschnitten dazu und lasse es noch einmal sachte kochen. Sollte es noch zu viel Brühe haben, so muß man von dem Fett etwas herunter schöpfen und ein paar Löffel voll Mehl darin braun rösten und an die Brühe thun, wenn es aber zu wenig hat, muß man ein wenig Fleischbrühe und Essig daran gießen. Hernach lege man das Fleisch auf eine Schüssel, gieße die Brühe durch einen Seiher darüber, streue geschnittene Citronenschaalen darauf und trage es zu Tische.

42. Englischer Braten.

Hierzu nimmt man ein fleischigtes Stück Rindfleisch. Dieses muß gewaschen, geklopft, gesalzen und an den Spieß gesteckt werden. Alsdann bestreiche man ein doppeltes Papier mit Butter und binde es um das Fleisch. Hernach läßt man ein Stück Butter zergehen, begießt das eingebundene Fleisch damit, und läßt es 2 bis 3 Stunden, je nachdem das Stück klein oder groß ist, langsam braten. Wenn es bald Zeit zum Anrichten ist, wird das Papier abgenommen und das Fette aus dem Untersatze weggethan. Der Braten wird alsdann erst vollends ausgebraten und gelb gemacht; man stelle aber doch wieder ein Geschirr darunter: denn das, was jetzt erst heraustropft, giebt man mit auf den Tisch.

Den

Den Braten belegt man mit Citronenschaalen und trägt eine Sardellen-Sauce dazu auf.

43. Rind- oder Ochsenzunge zuzubereiten.

Wasche die Zunge, reibe sie alsdann etlichemal recht stark mit Salz ab, und wasche sie jedesmal wieder, daß das Schleimige wohl davon kommt. Lege sie dann noch eine Stunde in's Wasser und siede sie wie Rind- oder Ochsenfleisch; nur muß bemerkt werden, daß man die Zunge immer eine Stunde früher, als das Rind- oder Ochsenfleisch zum Feuer setzen muß. Wenn sie weich ist, kann man die Brühe zur Suppe gebrauchen, die weiße Haut von der Zunge abschälen, in der Mitte der Länge nach von einander schneiden und folgende Sauce daran machen. Zu einer ganzen Zunge nimmt man einen halben Bierling Butter oder Schmalz, läßt es in einem Pfännchen heiß werden, röstet 3 Löffelvoll Mehl ganz dunkelgelb darin, gießt dann von der heißen Zungenbrühe und Essig so viel daran, daß die Sauce weder zu dünn noch zu sauer wird. Thut einen halben, sauber gewaschenen und abgehäutelten Häring recht fein gewiegt oder gehackt daran, oder statt des Härings 4 Loth Sardellen, 2 geschälte und über's Kreuz geschnittene Zwiebel, die Schaalen von dem vierten Theile einer Citrone, eine Messerspitzvoll gestoßenen Pfeffer. Dann läßt man dieses alles mit einander kochen, legt die abgeschälte und zerschnittene Zunge auf eine flache Schüssel, bestreut sie mit einem Eßlöffelvoll Käppern, und richtet die Brühe durch einen Seiher darüber an.

44. Geröstete Zunge.

Siede die Zunge wie die vorige weich, ziehe sie ab und schneide sie der Länge nach von einander, bestreiche sie mit zergangener Butter, bestreue sie mit Salz, fein gewiegtem Peterling und Semmelmehl, und lasse sie auf dem Roste oder in einer flachen Pfanne schön gelb werden. Träufle unter dem Rösten etlichemal Butter darauf und wende die Zunge einmal um. Man kann die Zunge mit einer Sauce zum Gemüse auf den Tisch geben.

45. Rindfleisch gedämpft.

Klopfe ein fleischigtes Stück Rindfleisch recht stark, alsdann wasche es sauber, laß das Wasser davon ablaufen und spicke es mit Speck und Citronenschaalen. Man kann den geschnittenen Speck vor dem Spicken in untereinander gemischtem Salz, gestoßenen Nägelchen und Pfeffer umkehren. Wenn dieses geschehen ist, so legt man in ein Kasserol oder in einen Fußhafen auf den Boden kleine Hölzer, in der Dicke eines halben Fingers, legt das gespickte Fleisch darauf, salzet es, aber nicht stark; gießet Fleischbrühe und Essig, wenn man will, auch Wein dazu, daß die Brühe im Fußhafen so hoch darauf, als das Fleisch geht; thut einige geschälte und mit Nägelchen bestellte Zwiebel, ein paar Lorbeerblätter, Citronenscheiben und ein Stück Speck dazu, und läßt es fest zugedeckt kochen, bis es weich ist. Hernach gießt man die Brühe herunter, schöpft das Fett davon wieder in das Geschirr, worin das Fleisch gedämpft worden ist, läßt es heiß werden, bestreuet das Stück Fleisch mit Mehl, und legt es darein, daß es

gelb

Allerley wild und zahmes Fleisch. 23

gelb wird. Dann gießt man die vorherige Brühe durch einen Seiher wieder daran, und läßt es noch eine Zeit lang kochen. Sollte die Sauce nicht braun genug seyn, kann man ein wenig Zucker daran brennen, welches also geschehen muß: Thu etliche Löffelvoll Zucker in ein eisernes Pfännchen, gieße einen Löffelvoll Wasser daran, rühre ihn auf dem Feuer immer um, bis er anfängt zu schäumen und braun wird. Alsdann thue eine Kaffeeschaale voll Wasser daran, lasse ihn noch ein wenig sieden und schütte ihn alsdann an die Sauce. Wer das Saure liebt, kann auch eine halbe Stunde vor dem Anrichten noch ein wenig Essig oder Citronensaft an die Sauce thun, und hernach das Fleisch mit geschnittenen Citronenschaalen bestreut auf den Tisch geben.

46. Einen Lendbraten beym Bäcker oder in einem Oefchen zu braten.

Wasche, häutle und spicke einen Lendbraten, wie vorhin beschrieben worden ist. Lege ihn acht Tage lang in Bieressig oder in schlechten Wein. Decke ein mit eben diesem eingefeuchtetes Leinentuch darüber. Wenn er nun genug gebeizt ist, so thut man ihn aus diesem Essig oder Wein heraus, legt ihn in eine Bratpfanne, salzet ihn, legt ein paar mit Nägelchen besteckte Zwiebel, ein paar Lorbeerblätter und etliche Citronenscheiben dazu gießt ungefähr ein Quart Wasser oder Fleischbrühe, nebst einem Weinglasvoll Essig daran, und läßt den Lendbraten 2, und wenn er alt ist, 3 Stunden beym Bäcker oder im Oefchen braten. Indessen macht man folgende Sauce dazu: Lasse ungefähr einen halben Vierzling Schmalz

in

in einem Pfännchen heiß werden, röste in diesem 3 gute Rührlöffelvoll Mehl ganz braun, thue dieses in einen Fußhafen, gieße eine starke Maaß heiße Fleischbrühe oder Wasser dazu, thue nach Belieben Essig, nebst einigen geschälten ganzen Zwiebeln, Citronenschaalen, einen halben Vierling gewiegte oder gehackte Sardellen, auch eine Messerspitze voll gestoßenen Pfeffer daran, und lasse dieses alles eine halbe Stunde mit einander kochen. Lege alsdann den Lendbraten, wenn er noch nicht weich genug ist, darein, und lasse ihn noch eine Weile kochen. Richte ihn an, lege Citronenscheiben darauf, und trage ihn zu Tische.

47. Schwarzes Wildpret mit Sauce auf allgemeine Art.

Wann das Wildpret sauber gewaschen worden ist, wird es mit Wasser, Essig und schlechtem Wein, Citronen, Salz mit ganzem Gewürz, Lorbeerblättern, Zwiebeln und ein wenig Wachholderbeeren zum Feuer gesetzt; wobey man es so lange kochen läßt, bis es fast weich ist. Dann macht man Schmalz in einem Pfännchen heiß, röstet zu 2 bis 3 Pfund Wildpret 2 Löffelvoll Mehl und eine Handvoll schwarzes geriebenes Brod ganz dunkelbraun darein, rühret es mit der Sauce von Wildpret an, thut es zu demselbigen, und läßt es noch so lange kochen, bis es vollends weich ist. Dann legt man es auf eine Schüssel heraus, richtet die Sauce durch einen Seiher darüber an, und bestreut es mit klein geschnittenen Citronenschaalen. Wem's beliebt, der kann zu dieser Sauce etwas geriebenen Lebkuchen, oder ein Stücklein Zucker thun, und es mitkochen lassen.

48. Rothes Wildpret mit Kappern.

Man kann hiezu von der Brust oder Bug nehmen, solches zu kleinen Stücken zerhauen, waschen, und im gesalzenen Wasser kochen; aber nicht ganz weich. Dann röstet man, wenn es Wildpret für 4 Personen ist, 3 Löffelvoll Mehl in heißgemachtem Schmalz ganz dunkelgelb, rührt es mit der Brühe, worinnen das Wildpret gesotten worden ist, an; thut klein geschnittene Citronenschaalen, nach Gutdünken Essig, ein wenig Zucker, gestoßene Nägelchen, und 3 bis 4 Löffelvoll Kappern dazu; legt das Wildpret hinein, und läßt es vollends weich kochen, dann richtet man es an. Man kann das Wildpret auch dämpfen, es muß aber ein fleischigtes Stück seyn.

49. Fricasse von Kalbfleisch.

Hiezu nimmt man gemeiniglich eine kleine Kalbsbrust, hackt solche in kleine Stückchen, wascht sie sauber und legt sie noch eine Weile in heißes Wasser, damit das Fleisch desto heißer wird. Dann läßt man Butter in einem Fußhafen oder Kasserol heiß werden, druckt das Fleisch aus dem Wasser, legt es in die heißgemachte Butter, thut Salz, etliche mit Nägelchen bestreckte Zwiebel, einen Bund Peterling, in dessen Mitte etwas ganze Muskatenblüthe gebunden ist, dazu, deckt das Geschirr zu und läßt das Fleisch eine gute Viertelstunde dämpfen. Dann streut man, wenn's eine ganze Brust ist, 3 Löffelvoll weißes Mehl darauf, schüttelt es wohl um, und läßt es wieder so lange dämpfen, bis es sich unten im Geschirre anhängen will. Dann gießt man heiße Fleischbrühe, nebst einem Glas Wein dazu, thut Citronenschaalen,

ten, wie auch etliche ganze Pfefferkörner und ein wenig Muskatennuß daran, und läßt's kochen, bis es recht weich ist, wozu man gewöhnlich eine Stunde braucht. Dann rührt man 3 bis 4 Eyerdotter, je nachdem man viel oder wenig Brühe hat, mit einem Eßlöffelvoll fein gewiegtem Peterlingkraut recht stark untereinander, gießt von der Brühe, worin das Fleisch gekocht ist, daran, schüttet es wieder zu dem Fleisch, schwingt es recht durcheinander, und richtet es hernach an.

50. Lammfleisch mit jungem Hopfen.

Hacke das Lammfleisch in kleine Stücke, wasche sie sauber, lasse sie eine halbe Stunde in frischem Wasser liegen, setze sie noch einmal mit kaltem Wasser zum Feuer, und lasse sie so lange dabey, bis es anfangt zu sieden. Gieße es dann ab, und lasse es in einem Stück Butter eine Weile dämpfen, säe etliche Löffelvoll Mehl daran, schüttle es wohl um, und wann es noch eine Weile gedämpft hat, so gieße siedende Fleischbrühe daran, und lasse es kochen. Indessen brühe jungen geputzten und sauber gewaschenen Hopfen in gesalzenem Wasser, aber nicht ganz weich. Lasse ihn in einen Seiher ablaufen, thue ihn zu dem Lammfleisch, und lasse ihn vollends damit kochen. Beym Anrichten rühre die Sauce mit einem paar Eyerdotter ab, und reibe Muskatennuß darauf. Man kann das Lammfleisch auch mit Trüffeln, wie Kalbfleisch, oder mit Peterling, wie Hammelfleisch zurichten; das Lammfleisch kann auch auf eben diese Art wie Kalbfleisch fricasiret werden.

51. Fricasirte junge Hühner.

Wenn die Hühner abgestochen, in's Wasser gelegt, abgebrüht, und sauber gewaschen worden sind, werden sie zu Vierteln oder Gliedweis zerschnitten, eine halbe Stunde in frisches Wasser gelegt, und dann noch einmal gewaschen. Hierauf wird zu 2 Hühnern ein Stück Butter in der Größe eines kleinen Hühnereyes in einen Fußhafen gethan, worin man ihn zergehen läßt. Dann legt man die Hühner mit etwas Salz dazu, schneidet eine kleine Zwiebel so fein als möglich, thut sie zu den Hühnern, und läßt sie eine halbe Viertelstunde damit dämpfen. Dann streut man 2 kleine Löffelvoll Mehl daran, schwinget die Hühner damit um, und läßt sie nach ein wenig damit anziehen. Indessen verrührt man 2 bis 3 Eyerdotter, mit 3 Eßlöffelvoll Weinessig, und ein wenig fein geschnittenen Peterlingkraut, gießt nach und nach so viel siedende Fleischbrühe, als man zur Sauce nöthig hat, daran; schüttet es an die Hühner, thut Citronenschaalen, ein wenig Muskatennuß oder Blüthe, und ein Glas Wein dazu, und läßt die Hühner eine halbe Stunde schnell kochen.

52. Ein Kapaun in Sauce.

Wenn der Kapaun abgestochen, und gleich darauf mit sammt den Federn 12 Stunden lange in frisches Wasser gelegt worden ist; wird er abgebrüht, ausgenommen, sauber gewaschen, und wieder eine Stunde in frisches Wasser gelegt; dann noch einmal heraus gewaschen, und in einem Kasserol oder Fußhafen mit Salz, kaltem Wasser, einem Glas Wein, Citronenschelfen,

einer

einer ganzen geschälten Zwiebel, etwas ganzem Gewürz, und einem Kalbsknochen zugesetzt. Hierin wird der Kapaun so lang gesotten, bis er weich ist. Alsdann wird in einem Stück Butter, den man zergehen läßt, 3 Löffelvoll weißes Mehl so lange geröstet, bis es anfängt zu schäumen. Dieses rührt man mit der Brühe von dem Kapaunen an, thut eine kleine ganze Zwiebel, Citronenschelfen, ein Lorbeerblatt, etliche ganze Pfefferkörner, ein wenig Muskatenblüthe, und ein paar ganze Nägelchen dazu, und läßt die Sauce eine halbe Stunde kochen. Man muß auch Morgeln etlichemal im Wasser absieden, dieses davon abgießen, und wenn sie recht sauber sind, ein wenig Fleischbrühe daran schütten; sie mit dieser bis auf 3 oder 4 Löffelvoll einkochen lassen, und an die Sauce der Kapaunen thun, damit diese Farbe und Geschmack davon bekomme. Endlich macht man die Sauce, ehe man sie anrichten will, recht siedheiß, drücket Citronensaft daran, rühret sie mit etlichen Eyerdottern ab, und richtet sie, wenn der Kapaun auf eine Schüssel gelegt worden ist, darüber an. Diese Sauce kann man auch zum Kalbfleisch, welches auf eben diese Art gekocht werden kann, gebrauchen.

53. Junge Hühner mit Blut.

Wenn man die Hühner sticht, läßt man das Blut davon in ein Geschirr, worin ein wenig Essig ist, laufen, rührt es um, damit es nicht gesteht, und behält es einstweilen auf. Nun nimmt man auf 4 Personen 2 Hühner, zerscheidet sie in Viertel oder Gliederweis. Hiezu wird auch ein halb Pfund Kalbfleisch genommen, in

kleine

kleine Stücke zerschnitten, und mit den Stücken von den Hühnern gewaschen. Beydes setzet man in einen Fußhafen oder Kasserol mit einem Quart Fleischbrühe und etwas Salz auf Kohlen. Darein thut man noch einen wohlgewogenen halben Vierling in kleine Würfel geschnittnen dürren Speck, etliche Lorbeerblätter, ein Bündelchen Kräuter, als: Thimian, Basilicum, Peterling und grüne Zwiebel. Dieß läßt man mit den Hühnern so lange kochen, bis sie keine Brühe mehr haben, dann werden sie fertig seyn. Nun legt man sie auf ein Geschirr heraus, und deckt sie zu. In das Geschirr, worin sie eingekocht sind, thut man etliche Löffelvoll Mehl, und läßt es gelb werden. Alsdann wird es mit ungefähr 1 Maaß guter brauner oder anderer Fleischbrühe aufgefüllt und mit vielen geschnittenen Citronenschaalen eine Viertelstunde gekocht. Nun rührt man das Blut von den Hühnern hinein, läßt es nur einmal aufkochen, treibt die Sauce durch einen Seiher in ein anderes Geschirr, drückt den Saft von einer halben Citrone daran, legt die Hühner darein, läßt sie auf Kohlen so lange stehen, bis sie durch und durch recht heiß sind, und richtet sie an.

54. Tauben in einer schwarzen Sauce.

Die Tauben werden gewöhnlich so abgethan, daß man ihnen die Köpfe abschneidet. Dann läßt man das Blut, wie bey den Hühnern, in ein kleines Geschirr, worin ein wenig Essig ist, laufen, und rührt es, damit es nicht gesteht. Dann werden die Tauben sauber gerupft, ausgenommen und gewaschen, zu Vierteln geschnitten, oder ganz in ein Kasserol oder Fußhafen gethan.

thun. Dazu gießet man, wenn es 2 Tauben sind, ein Glas Wein; ein Quart Fleischbrüh; thut etliche Lorbeerblätter, eben so viel Citronenscheiben, eine gute Hand voll geriebenes schwarzes Brod, ein Stückchen Zucker, einen Eßlöffelvoll ganz klein geschnittenen dürren (gediegenen) Speck, ein Stückchen Butter in der Größe einer Welschnuß, Salz und endlich ein wenig gestoßene Nägelchen und Muskatenblüthe oder Nuß daran; deckt das Geschirr zu, und läßt es auf Kohlen so lang kochen, bis die Tauben weich sind. Sollte zu wenig Brühe daran seyn, kann man noch ein wenig Fleischbrühe nachgießen, eine halbe Viertelstunde vor dem Anrichten gießt man das Blut von den Tauben auch dazu, läßt es noch ein klein wenig damit aufkochen, legt die Tauben auf eine Schüssel heraus, und richtet die Sauce durch einen Seiher darüber an. Junge Hühner und Enten können auf die nämliche Art gekocht werden.

55. Ragouts von kalten Braten.

Lasse ein Stück Butter in einem Fußhafen heiß werden, röste nach Gutdünken Mehl gelb darin; zuletzt röste auch eine halbe Handvoll klein geschnittener Schalottenzwiebeln ein wenig mit. Rühre es mit guter heißer Fleischbrühe, so viel zur Sauce nöthig ist, an; gieße ein wenig Wein oder Essig dazu; thue Citronenschaalen, ein wenig Pfeffer und Muskatennuß dazu, und lasse es eine Viertelstunde kochen. Lege die Stücke von dem Braten hinein, und lasse es auf Kohlen noch eine Viertelstunde kochen. Man kann auch Sardellen und Kappern, oder statt dieser in Wasser abgesottene Morgeln,

und

und eingemachte Champignons dazu thun; aber dann wird der Essig weggelassen. Wenn man Bratenbrühe hat, so kann sie mit zur Sauce genommen werden.

56. Gedämpfte Enten mit Kappernbrühe.

Wenn die Enten abgestochen, gerupft, ausgenommen, und etlichemal aus frischem Wasser herausgewaschen worden sind, legt man sie, nachdem sie gesalzen worden, in einem flachen Fußhafen in zergangene Butter, und läßt sie so lang darin dämpfen, bis sie gelb sind. Dann legt man sie in ein anderes Geschirr, gießt gute heiße Fleischbrühe daran, thut Citronenschelfen, einige ganze Gewürznägelchen dazu, und läßt sie damit kochen. Eine Stunde vor dem Anrichten röstet man zu 2 Enten 3 Löffelvoll Mehl ganz dunkelbraun, rührt es mit der Brühe von den Enten an, thut es nebst 4 Eßlöffelvoll Kappern dazu, und läßt sie damit vollends auskochen. Dann richtet man sie an, bestreut sie mit länglicht geschnittenen Citronenschaalen, und giebt sie auf den Tisch. Eben so können auch wilde Enten zugerichtet werden, nur nimmt man zum Rösten halb Mehl und halb geriebenes schwarzes Brod, auch Essig und ein wenig Zucker zur Sauce. Die wilden Enten muß man aber wenigstens 4 Tage, ehe man sie kochen will, in Essig legen, damit sie mürb werden.

Fische,

Fische, Krebse und Schnecken.

57. Karpfen blau zu sieden.

Wenn man den Karpfen schön blau kochen will, muß er zwar abgeschlagen, aber nicht abgeschuppt werden. Alsdann schneidet man ihn am Rücken auf, spaltet den Kopf von einander, nimmt das Eingeweide heraus, thut die Galle davon, schneidet den Fisch der Länge nach von einander, macht 4 oder 6 Stücke daraus, wäscht solche, und legt sie so auf eine Schüssel, daß die schuppichte Seite oben zu liegen kommt. Alsdann macht man zu 2 Pfund Karpfen ein gutes Quart Weinessig siedend, gießt diesen auf dem Fisch herum, damit er blau wird. Hernach macht man in einer messingenen Pfanne zu 2 Pfund Fisch ungefähr 3 halb Maaß Wasser, und wenn man will, ein Glas Wein dazu, siedend, wirft eine gute Handvoll Salz darein, thut 2 geschälte ganze und mit Nägelchen besteckte Zwiebeln, 2 bis 3 Lorbeerblätter, eine ganze Handvoll Wachholderbeere, Citronenschaalen, und ein wenig Pfeffer dazu, legt den Fisch so hinein, daß die Kopfstücke zuerst, und die schuppichten Seiten über sich kommen, und dann die Schwanzstücke umgewendet darauf, daß die unteren Seiten, woran keine Schuppen sind, über sich sehen, mithin von allen Stücken die Schuppen aufeinander liegen. Dann läßt man den Fisch, so viel möglich zugedeckt, so lang kochen, bis man sieht, daß er sich von den Gräten abgelöst hat. Hernach wird er vom Feuer gestellt und gleich mit einem klein wenig frischen Wasser besprengt, damit er besto

fester

fester wird, auf eine Schüssel gelegt, von der Brühe darauf gegossen, und mit weißem würflicht geschnittenem und im Schmalz schön gelb geröstetem Brode belegt. Will man den Fisch, wenn er vom Feuer gethan ist, nicht gleich auf den Tisch geben, so muß man ihn geschwind mit weißem Papier zudecken, hernach kann man ihn also eine Stunde oder noch länger stehen lassen. Man kann den Karpfen auch aus der Brühe nehmen, auf eine Schüssel legen und Meerrettig darüber anrichten. Oder wenn man ihn mit Essig und Oehl speisen will, nimmt man ihn auch aus der Brühe, und legt ihn trocken in eine reine Serviette, die man darüber zusammenlegt.

58. Forellen in Butterbrühe.

Wenn die Forellen blau abgesotten worden sind, läßt man sie stehen, und macht folgende Butterbrühe dazu. Man schneidet in einem Fußhafen zu 2 Pfund Forellen einen Vierling Butter. Diesen läßt man aber nicht zergehen, sondern nur weich werden. Alsdann rühret man einen guten Rührlöffel voll Mehl, und 4 bis 5 Eyerdotter daran. Wenn dieses mit einander recht stark gerührt worden ist, wird von der Fleischbrühe daran gegossen, Citronensaft und Muskatenblüthe dazu gethan, und die Soose unter beständigem Umrühren, auf starken Kohlen so lange gelassen, bis sie anfängt zu kochen. Sollte sie zu dick seyn, kann noch mehr von der Brühe, worinnen die Fische gekocht worden sind, nachgegossen werden. Alsdann werden die Fische auf eine Schüssel gelegt, die Soose darüber angerichtet, Muskatennuß darauf gerieben, und auf den Tisch gegeben. –

59:

Fische, Krebse und Schnecken.

59. Fische zu mariniren.

Fische zu mariniren heißt, sie, wenn sie gebraten oder gebacken sind, mit Essig, Gewürz und Kräutern einmachen. Wenn man gebratene Fische mariniren will, werden sie ausgenommen, gewaschen, innen und auffen gesalzen, und wenn sie eine Stunde in Salz gelegen haben, mit einem saubern Tuche abgetrocknet, in zergangenem Butter umgekehrt, und auf dem Roste gebraten. Alsdann läßt man sie erkalten, bestreut ein weites, reines irdenes Geschirr, mit gröblicht gestoßenen Nägelein, Muskatenblüthe, ganzen Kappern und länglicht geschnittenen Citronenscheiben, belegt es mit ganzen Lorberblättern, Basilicum, Thymian und Zitronenscheiben; legt darauf die Fische, und auf diese die nämlichen Gewürze, Kräuter und Citronen. Ueber dieses alles gießt man einen Theil Wein und zwei Theil Essig, besprengt es mit ein wenig guten Provenzeröhl, legt einen Deckel darauf, beschwert es mit einem Stein, und läßt es in einem kühlen Orte, bis man es gebraucht, wenigstens 3 Tage stehen. Also zubereitete Fische halten sich aber auch wohl 14 Tage.

60. Allerlei Fische, auf gemeine Weise auf dem Roste zu braten.

Wenn die Fische geschuppt sind, werden sie gewaschen, hernach erst am Bauche aufgeschnitten, das Eingeweide herausgenommen, mit Salz und Pfeffer gerieben, und in- und auswendig mit Butter bestrichen. Alsdann steckt man in die Fische Salbey. Auch wird auswendig Salbey mit einem Faden umgebunden, und die Fische auf dem Roste gebraten. Unter dem Braten

Fische, Krebse und Schnecken.

ten müssen sie, wie alle Fische, umgewendet, und öfters mit Butter begossen werden. Man kann sie mit Citronensoose, oder mit Essig und Oehl auf den Tisch geben.

61. Fische in einer Sardellensoose.

Die Fische werden geschuppt, am Bauche aufgeschnitten, und mit einem hölzernen Spießlein, oder mit einer Nadel und starken Faden der Kopf und Schwanz zusammen befestiget, so daß die Fische krumm gebogen werden. Alsdann macht man in einer meßingenen Pfanne Wasser siedend, wirft zu jedem Pfund Fisch eine halbe Handvoll Salz ins Wasser, gießt Essig dazu, und thut die Fische, nebst Zwiebeln, Lorbeerblättern und ein wenig Pfeffer hinein, und läßt sie kochen. Wenn sie fertig sind, wird die Sardellensoose auf folgende Art dazu gemacht. Man nimmt zu einem Pfund Fisch einen kleinen Rührlöffelvoll Mehl, rühret ihn mit zwei Eyerdotter an, gießet zuerst ein paar Eßlöffelvoll kaltes Wasser daran; damit die Brühe nicht gerinnt, und rühret die Eyerdotter damit glatt ab. Hieran gießet ein wenig Essig oder Citronensaft, dann Fleischbrühe, oder von dem Wasser, worinnen der Fisch gesotten worden ist, so viel als man braucht. Thut eine ganze Zwiebel, worin ein Kreuz geschnitten ist, nebst einem Stücke Butter daran, und zu einem Löffelvoll Mehl und 2 Eyerdotter, 2 Loth gewaschene und gehackte Sardellen, einen Löffelvoll Kappern, Citronenschaalen und ein wenig Muskatenblüthe. Dieses alles wird unter beständigem Umrühren auf dem Feuer eine gute Viertelstunde gekocht, dann die Fische auf eine Schüssel gelegt, die Soose darüber gegossen, und so auf den

Tisch gegeben. Man kann mit dieser Soose auch Hechte, Forellen und Weißfische zubereiten. Wenn man gerade Krebsbutter hat, kann man sie mit einem Kaffeelöffel hin und wieder auf der Soose herumlegen; es sieht sehr niedlich und schön aus.

62. Aale am Spieße zu braten.

Man schlägt den Aal mit einem Nagel durch den Kopf fest an. Er muß aber mit einem Tuche gehalten werden, sonst schlupft er aus den Händen. Dann löset man mit einem Messer die Haut rings um den Kopf ab, nimmt Salz in die Hände, und streift damit die Haut über den Fisch ab, macht das Eingeweide heraus, schneidet den Fisch in Stücken, wirft Kopf und Schwanz weg, ädert ihn aus, reibet ihn mit Salz, und, wems beliebt, ein klein wenig Pfeffer ein, und läßt ihn wenigstens 1—2 Stunden liegen; bindet ihn hernach in Lorbeerblätter und Rosmarin-Sträußlein oder in Ermanglung deren in breite Salbey, doch so ein, daß der Fisch nicht ganz davon bedeckt ist, steckt ihn über zwerch an einen hölzernen Spieß, und bindet diesen an einen andern Spieß. Er muß 2 Stunden vorher, ehe er soll gegessen werden, schon am Feuer seyn. Zum Erstenmale wird er mit Butter oder gesalzenem Wasser begossen, nachher träufelt er sich schon selbsten mit seinem eigenen Fett. So läßt man ihn langsam braten, bis er schön gelb ist. Zuletzt begießt man ihn noch einmal mit Butter, legt ihn in eine Schüssel, und dazwischen in Viertel geschnittene Citronen.

63. Karpfen zu braten.

Man nimmt einen Karpfen, schuppet ihn ab, waschet

schet ihn sauber. Alsdann wird er oben am Rücken ganz aufgeschnitten, aber so daß der Bauch beisammen bleibt. Hernach nimmt man die Galle vom Eingeweide weg, bestreuet den Fisch außen mit Salz, und leget ihn ganz ausgebreitet in eine Bratpfanne also, daß der innere Theil über sich, das Aeußere aber auf den Boden der Bratpfanne zu liegen kommt. Alsdann bestreut man den Fisch auch auf dieser Seite mit Salz und ein wenig gestoßenem Pfeffer, thut etliche kleine geschälte und in Vierteln geschnittene Zwiebeln dazu. Wenn der Fisch ungefähr 2 Pfund schwer ist, wird ein Quart Fleischbrühe oder Wasser, nebst einem guten Weinglas voll Essig, darauf gegossen, ein Vierling Butter in kleinen Stücklein darauf herum geschnitten, und etliche Löffel voll gutes Oehl dazu gethan, hernach beim Bäcker oder in einem Oefelein eine Stunde gebraten. Man kann auch etwas von einem Häring klein schneiden und dazu thun; oder zu 2 Pfund Fische 4 Loth gewaschene und ausgegrätete Sardellen statt des Härings gebrauchen. Auf diese Art können auch Weißfische oder Nasen zugerichtet werden, und wem es beliebt, der kann Kappern eine Viertelstunde vor dem Anrichten an den Fisch thun, und hernach so auf den Tisch geben.

64. Karpfen in schwarzer Soos.

Wenn der Karpfe geschuppt ist, muß man ihn sauber abwaschen, hernach zuerst am Bauche aufschneiden, das Eingeweide heraus nehmen, die Galle davon thun, und den Fisch etlichemal in einer Schüssel mit Essig auswaschen. Diesen Essig sammt dem Blute thut man in ein kleines Geschirr, und hebt ihn auf, bis man

man den Fisch kochen will. Alsdann schneidet man den Fisch in Stücke, bestreut diese mit Salz und läßt sie etliche Stunden liegen, damit der Fisch desto schmackhafter werde. Hernach röstet man in einer eisernen Pfanne, worinnen man den Fisch kochen will, zu 2 Pfund Fische 3 gute Rührlöffelvoll Mehl in heiß gemachtem Schmalze recht dunkelbraun, rühret es mit siedendem Wasser an, thut 2 bis 3 Lorbeerblätter, 2 ganze Zwiebel, viel klein geschnittene Citronenschaalen, ein wenig gestoßenen Pfeffer und Nägelein dazu, legt den Fisch in diese Brühe, gießt das mit Essig ausgewaschene Blut dazu, und läßt ihn zugedeckt eine Viertelstunde kochen. Alsdann versucht man die Brühe, wenn diese nicht sauer genug ist, gießt man noch mehr Essig dazu, und läßt den Fisch nochmals eine halbe Stunde recht stark kochen. Wenn man gerade Knoblauch hat und 1 oder 2 Zehen davon zu dem Fische in die Pfanne wirft, macht es der Brühe einen recht angenehmen Geschmack. Will man die Brühe recht schwarz haben, so darf man nur etliche gedörrte wälsche Nußkerne mit kochen lassen, so wird die Soos davon kohlschwarz. Wenn man die Nußkerne nicht gern zu Tische giebt, können sie beim Anrichten, da die Brühe ohnedem durch einen Seiher auf den Fisch gegossen werden muß, weggethan werden. Sobald der Fisch vom Feuer gethan wird, kann man Kappern nach Belieben dazu thun, oder dieselbigen, wann der Fisch schon auf die Schüssel gelegt ist, darauf herum streuen und die Brühe darüber anrichten. Man giebt gemeiniglich an Fasttagen zu diesem schwarzen Fische saures Kraut, oder Knöpflein von weißem Brode.

56.

56. Karpfen auf andere Art in brauner Soos.

Wenn der Fisch, wie vorher gemeldet, gewaschen, aufgeschnitten und gesalzen worden ist, wird eine Handvoll geriebenes schwarzes Brod, und ein guter Löffel voll Mehl in heißgemachtem Schmalze ganz dunkelbraun geröstet, alsdann eine recht große Zwiebel in dünne Scheiben geschnitten. Diese werden auf das Geröstete gelegt, alsdann der Fisch. Darauf wird Wein und heißgemachte Fleischbrühe, oder statt ihrer Wasser, eins so viel als das andere, gegossen. Hernach thut man Citronenschaalen, Nägelein, etliche Lorbeerblätter und ein kleines Stücklein Zucker dazu, und läßt den Fisch zugedeckt langsam kochen. Man muß ihn aber unter dem Kochen etlichemal mit dem Geschirre umschütteln, damit er nicht anbrennt. Hat er nun eine Viertelstunde gekocht, so versucht man die Brühe, wenn sie nicht sauer genug ist, thut man noch ein wenig Essig oder Citronensaft daran, und läßt den Fisch vollends auskochen. Man kann ihn hernach vom Feuer stellen, und in der braunen Soose eben so, wie den in schwarzer Soos, und wie den Blaugesottenen, sieden lassen, er wird nur desto besser. Wenn man nun anrichten will, macht man den Fisch wieder heiß, legt ihn auf eine Schüssel heraus, bestreuet ihn mit Kappern, gießt die Soose darüber, bestreut ihn nochmals mit länglicht geschnittenen Citronenschaalen, und giebt ihn auf den Tisch. NB. Es giebt beim Fischkochen immer zu merken, daß es besser ist, wenn man die Fische lieber zu viel als zu wenig kochen läßt; denn es ist ein unausgekochter Fisch nicht nur unappetitlich, sondern auch ungesund. Einen Fisch von 2 bis 3 Pfunden läßt man gemeiniglich eine kleine Stunde, aber recht schnell kochen; ist der Fisch kleiner, so braucht es nicht so lange, nur muß man beim Anrichten des Fisches behutsam seyn, weil ein wohl ausgekochter Fisch gern zerbricht.

66. Karpfen in der eigenen Soos.

Wenn der Karpfe geschuppt, zu Stücklein geschnitten und gewaschen worden ist, wird ein Fußhafen oder eine Zinnschüssel dick mit Butter bestrichen, dann mit etlichen Löffelvoll Semmel- und einem Löffelvoll rechtem Mehl der Boden des Geschirres bestreut. Auf dieses werden klein geschnittene Scharlotten, oder in Ermanglung derer, andere Zwiebeln gestreut, und wenn es 2 Pfund Fisch sind, auf die Zwiebeln ein halber ausgeräteter, klein geschnittener Häring, oder 4 Loth Sardellen, ein Eßlöffel voll Kappern, ein wenig fein geschnittener Peterling und Zitronenscheiben gelegt, hernach der Fisch. Wenn die Citrone bitter ist, wird nur die Schaale davon abgeschnitten, der Saft davon ausgebrückt, und das Ausgebrückte weggeworfen. Hat der Fisch Rogen, so muß dieser in die Mitte gelegt werden. Oben auf den Fisch legt man noch eines Hühner-Eyes groß Butter, welche aber in kleine Stücklein zerschnitten werden muß, gießt ohngefähr 6 Eßlöffelvoll Fleischbrühe oder Wasser, und halb so viel Essig daran, deckt den Fisch zu, und läßt ihn auf Kohlen langsam kochen, bis man sieht, daß er sich von den Kräten ablöst. Sollte gar zu wenig Brühe daran seyn, so kann noch ein wenig, aber wenigstens eine Viertelstunde vor dem Anrichten, daran gegossen werden. Man kann auf diese Art Hechte, Forellen und Barben zurichten.

67. Forellen blau zu sieden.

Wenn die Forellen ausgenommen und gewaschen worden sind, werden sie krumm gebogen, der Kopf und Schwanz mit einem hölzernen Spießlein oder mit einer Nadel und starkem Faden festgemacht; alsdann wie der Karpfe mit siedendem Essig begossen, in einer Pfanne Wasser allein, oder wenn man will, halb Wein und halb Wasser siedend gemacht, und zu jedem Pfund Fisch eine kleine Hand voll Salz hinein gethan. Nun werden die Forellen hinein gelegt, daß der Bauch über sich sieht, zu diese etliche Lorbeerblätter, mit Nägelein besteckte Zwiebeln, Citronenschaalen und etliche ganze Pfefferkörner dazu gethan, und mit einander eine gute Viertelstunde gesotten. Hernach versucht man die Brühe, und wenn noch Essig und Salz fehlt, kann solches noch dazu gethan, und der Fisch vollends so ausgekocht werden. Unter dem Sieden muß man ihn aber etlichemal abschäumen. Sobald ein blau gesottener Fisch vom Feuer kommt, muß ein paar Löffelvoll kaltes Wasser darauf herum gegossen, und der Fisch gleich mit ein paar Bogen Papier zugedeckt werden, daß der Dampf nicht davon gehen kann, sonst bleibt der Fisch nicht schön blau, sondern wird eher schwarz. Man kann den Fisch also etliche Stunden stehen lassen. Will man ihn anrichten, so wird er trocken auf eine reine Serviette in eine flache Schüssel gelegt, mit etwas Grünem ausgeziert, die Serviette darüber zierlich zusammengelegt, und so auf den Tisch gegeben. Auf diese Weise pflegt man sie mit Essig und Oehl zu speisen.

68.

68. Hechte in einer Schüssel mit Sardellen gekocht.

Wenn der Hecht geschuppt, ausgenommen und in der Mitte der Länge nach entzwei geschnitten ist, nimmt man den Rückgrad heraus, und schneidet den Hecht in Stücken eines guten Fingers breit, der Kopf aber muß ganz bleiben. Alsdann läßt man zu 2 Pfund Hecht einen Vierling Butter zergehen, rührt 4, oder wenn man das Scharfe liebt, 8 Loth gewaschene, ausgegrähete und klein gehackte Sardellen in den zergangenen Butter. Die Hälfte von diesem thut man in eine Schüssel, worinnen man den Fisch kochen will, legt ihn darein, streuet ein wenig gestoßene Muskatenblüthe darauf, und bedeckt ihn mit der andern Hälfte von den in Butter gerührten Sardellen, drückt Citronensaft daran, deckt die Schüssel fest zu, und läßt den Fisch auf Kohlen eine halbe Stunde kochen. Dann wendet man ihn um, drückt wieder Citronensaft darauf, und läßt ihn vollends auskochen. Beim Anrichten wird der Kopf, nachdem man ihm die Leber ins Maul gegeben, in die Mitte der Schüssel gethan, die andern Stücke recht zierlich herum gelegt, länglicht geschnittene Citronenschaalen darauf herum gestreut, und so auf den Tisch gegeben.

69. Barben zu backen.

Die Barben werden geschuppt, wenn sie groß sind zu Stücken geschnitten, wenn sie aber klein sind, zieht man ihnen einen Faden durch die Nase und den Schwanz, und bindet den Kopf und Schwanz zusammen, daß sie im Backen krumm bleiben. Dann macht man kleine Schnitte in die Haut, salzt sie ein, und läßt sie eine

Stunde im Salze liegen. Nachher trocknet man das Schleimige wieder ein wenig davon ab, läßt Schmalz in einer Pfanne heiß werden, bestreut die Barben mit Groß- oder Semmel- und rechtem Mehl, thut sie ins heiße Schmalz, backt sie schön gelb heraus, und legt sie in eine irdene Schüssel auf Brodschnitte, daß das Fette von den Fischen abläuft, welches bei allen gebackenen Fischen zu beobachten ist. Hat man gerade grünen sauber geklaubten, gewaschenen und wieder getrockneten Peterling, so kann man ihn auch backen, und die Barben, wenn sie zierlich auf eine Schüssel gelegt worden sind, damit bestreuen.

70. Grundeln blau zu sieden.

Man wäscht sie sauber, läßt sie in einem Seiher ablaufen, klaubet sie ein wenig durch, daß nichts Unreines mehr darunter ist, und thut sie in einen Hafen. Wenn es ein Quart Grundeln ist, gießt man ein kleines Gläschenvoll Essig darüber, deckt den Hafen zu, setzt gleich eine meßingene Pfanne, mit Wasser, und wenn man will, auch ein Glas Wein, zum Feuer, thut nach Gutdünken Salz, eine Zwiebel, ein wenig Kümmel, Citronenschaalen und ein Lorbeerblatt darein. Wenn dieses eine halbe Viertelstunde gesotten hat, werden die Grundeln dazu gethan, und nur so lange auf dem Feuer gelassen, bis sie in die Höhe steigen. Dann werden sie angerichtet, klein gezopfter Peterling darauf gestreut, und noch Essig besonders dazu auf den Tisch gegeben.

71. Grundeln zu backen.

Wenn sie gewaschen, und im Seiher wieder abgelaufen sind, werden sie eingesalzen, und hernach mit einem Tuche ein wenig abgetrocknet, damit der Schleim

davon

davon kommt. Hernach wird Schmalz in einer Pfanne heiß gemacht, die Grundeln werden, so viel man auf einmal backen will, in einer tiefen Schüssel mit Mehl, oder halb Semmel- und halb rechtem Mehl, umgeschwungen, solche in das heiße Schmalz gethan, und rösch gebacken. Oder man zerklopft, wie bei den gesottenen Grundeln, Eyer mit Rahm, Salz und Peterling in einem Hafen, thut die Grundeln darein, und wenn man glaubt, daß sie sich vollgeschluckt haben, werden sie heraus genommen, ein klein wenig abgetrocknet, mit Mehl, worunter aber Salz gemischt werden muß, bestreuet, und ebenfalls im Schmalze schön gelb und rösch gebacken.

72. Stockfisch zu wässern.

Beim Einkaufen des Stockfisches muß man darauf sehen, daß er schön weiß ist. Er wird mit einem Hammer, oder noch besser, in einer Stoßmühle zerklopft, und eine Nacht in fließendes Wasser gelegt, von diesem wieder herausgenommen, und in eine helle Lauge 12, und wenn diese nicht stark ist, 18 Stunden lang gelegt. Diese wird wieder weggeschüttet, und fließendes oder frisches Brunnenwasser darüber gegossen. So läßt man den Fisch liegen, nur muß man alle Tage das Wasser abgießen, und wieder frisches daran schütten. Wenn er 24 Stunden im Wasser gelegen hat, kann man zum Erstenmal davon kochen, das Uebrige aber 8 Tage in täglich frisch aufgegossenem Wasser aufbehalten. Der Stockfisch kann auch, ehe man ihn ins frische Wasser legt, zu Stücken geschnitten, und diese mit einem Faden zusammen gebunden werden, damit sie nicht so leicht zerfallen.

Fische, Krebse und Schnecken.

73. Stockfisch zu kochen.

Man setzt gewässerten Stockfisch mit lauem Wasser an das Feuer, läßt ihn dabei stehen, bis er anfängt zu sieden; alsdann wird er herausgethan, und die größten Gräten werden davon gemacht. Man kann auch etwas von der Haut zu dem Fische nehmen. Hierauf wird ein Kasseroll, Fußhafen oder Zinnschüssel dick mit Butter bestrichen, und wenn man die Hälfte von einem kleinen Stockfische kochen will, etliche Löffelvoll Semmel- und ein Löffelvoll rechtes Mehl, etliche geschnittene Zwiebeln, die Hälfte von einem halben geschnittenen Häring, oder die Hälfte von 8 Loth Sardellen, auch etwas fein geschnittener Peterling darauf gestreuet, der Stockfisch darauf gelegt; nach Gedünken Butter darauf herum geschnitten, und dann mit den übrigen Zwiebeln, Häring oder Sardellen, Semmel- und rechtem Mehl bedeckt, ein paar Löffelvoll Fleischbrühe oder Wasser dazu gethan, und so der Fisch auf Kohlen gestellt und gedämpft. Wenn er eine Viertelstunde gekocht hat, wird er mit einem Messer durcheinander gemacht, und eine Kaffeeschaalevoll süßer Rahm, nebst ein wenig Muskatenblüthe darunter gemischt, noch ein wenig auf Kohlen gesetzt, daß er anzieht, und dann auf den Tisch gegeben.

74. Stockfisch noch auf andere Art zu kochen.

Nimm gewässerten Stockfisch, setze ihn in einem Hafen mit kaltem Wasser zum Feuer, und lasse ihn etliche Stunden auf wenigen Kohlen, oder an einem kleinen Feuer stehen, bis das Wasser neben herum einen weißen Rand bekommt. Kochen darf er aber nicht völlig, doch muß es immer daran seyn. Gieße den Fisch in einen Seiher ab, lege ihn auf eine Schüssel, mache

ein

ein gutes Stück Schmalz in einem Pfännlein heiß, denn der Stockfisch muß fett seyn, röste viel geschnittene Zwiebeln und Semmelmehl schön gelb darinnen, und gieße es heiß über den Fisch her. Wenn dieß geschehen, so salze ihn, mache ihn mit einer Gabel durcheinander und trage ihn auf den Tisch.

75. Häringe zu braten.

Lege sie 12 bis 24 Stunden in frisches Wasser, wasche sie dann noch etlichemal aus anderm frischen Wasser heraus, oder wenn man die Häringe geschwinder braucht, können sie 4 Stunden in süße Milch, und dann noch 4 Stunden in frisches Wasser gelegt werden. Wenn sie dann nochmalen gewaschen sind, läßt man sie wohl ablaufen, bestreicht einen Rost mit Butter, legt die Häringe darauf, und läßt sie auf Kohlen langsam braten. Man muß sie aber öfters umwenden, und auf beiden Seiten mit Butter bestreichen. Wenn sie fertig sind, werden sie meistens zu saurem Kraute oder Erbsen auf den Tisch gegeben. Man kann aber auch die Häringe auf folgende Art in Papier braten: Man nimmt zu jedem gewässerten Häring einen halben Bogen sauberes weißes Papier, bestreicht ihn dick mit Butter, wickelt den Häring darein, und bestreicht die äußere Seite des zusammengewickelten Papiers auch mit Butter, damit es nicht sogleich auf dem Roste anbrennt, läßt die eingewickelten Häringe langsam braten, bis man glaubt, daß sie fertig sind. Dann thut man das Papier herunter, und giebt sie, wie die vorigen, auf den Tisch.

66. Krebse zu sieden.

Wasche die Krebse, thue sie in eine Pfanne, oder Fußhafen, thue zu 25 großen Krebsen eine gute Hand voll

Kümmel, und ein paar Messerspitzenvoll gestoßenen Pfeffer. Gieße heißes Wasser, aber nur so viel darüber, daß es im Geschirre so hoch, als die Krebse herauf geht. Decke sie zu, und lasse sie eine gute Viertelstunde, oder so lang stehen, bis sich die Schaalen losmachen. Dann gieße sie ab, und trage sie in einer Serviette eingeschlagen, oder auch nur zierlich auf eine Schüssel gelegt, und mit Peterlingkraut bestreut, zu Tisch. Will man aber die Krebse noch geschmackhafter sieden, so wird gleich beim Zusetzen, außer dem Salze und Pfeffer, wie vorher gedacht, noch ein halbes Gläslein Weinessig, einer guten wälschen Nuß groß Butter, eine zerschnittene Zwiebel, und eine Hand voll Peterlingkraut zu eben so viel Krebse, wie vorher gesagt worden, gethan; der Kümmel aber weggelassen. Ueberhaupt ist zu merken, daß man nie zu viel Wasser an die Krebse gießen darf, weil sie sonst unkräftig davon werden. Auch muß man sie nicht lange sieden lassen, sonst wird ihr Fleisch zu hart.

77. Gebackene Krebse.

Man siedet und nimmt die Krebse aus. Dann bestreut man sie mit Mehl, worunter fein gehackter Peterling und ein wenig Salz gemischt worden ist, und bäckt sie aus heiß gemachtem Schmalze schnell heraus. Man kann sie zu eingemachten Fleischspeisen, oder nur allein, da sie mit gebackenem Peterlingkraute bestreut werden müssen, auf den Tisch geben. Beim Ausnehmen oder Abnehmen der Schaalen, hat man durchzusehen, daß die Scheeren und das untere Theil, sammt Schwanze an einander bleibe, die Neben=Füße werden aber abgeschnitten, und das Unreine am Gerippe sauber weggeputzt, auch muß der Magen weggethan werden.

78. Frösche zu fricasiren.

Man putze das schon zuvor abgezogene hintere Theil von den Fröschen nochmals dadurch, daß man das Unreine an den Schenkeln und die oben heranstehenden kleinen Beinlein davon wegschneidet, und die Frösche recht sauber wäscht. Alsdann schüttet man heißes Wasser darüber, und läßt sie eine Weile darin liegen; dann thut man zu 22 Fröschen ein Stücklein Butter eines Hühnereyes groß in eine Kachel, läßt ihn zergehen, thut die Frösche darein, läßt sie eine kleine Viertelstunde dämpfen, dann streut man ein wenig Mehl darauf, auch klein gewiegten Peterling dazu, und schwingt sie, läßt sie noch eine kleine Weile dämpfen, dann gießt man ein wenig Fleischbrühe daran, oder am Fasttage Wasser, ein halbes Gläslein Wein, Muskatenblüthe, Muskatnuß, und klein geschnittene Citronenschaalen, rühre einen Eyerdotter an die Brühe, und gieb sie gleich auf den Tisch.

79. Gebackene Frösche.

Man wäscht und putzt die Frösche wie oben gezeigt worden ist, salzt sie und macht einen gebrühten Teig, kehrt sie darin um, backt sie schön gelb aus heißem Schmalze heraus, thut gebackene Peterlingssträuslein darauf, und trägt sie zu Tisch.

Man kann sie auch wie Fische backen, nämlich man macht Semmelmehl und rechtes Mehl durcheinander, schwingt sie darin herum, und bäckt sie ebenfalls aus heißem Schmalz.

80. Gebratene Austern.

Man putzt die Austern außen mit einem Tuche ab, sticht mit einem Messer die Schaalen von einander,

Fische, Krebse und Schnecken.

ander, man muß aber acht geben, daß die Brühe nicht heraus lauft. Dann löse man die Austern mit einem Messer in der Schaale ab, thue das schwarze Hautige davon, und lege die Austern in die untere tiefe Schaale zu der Brühe, so bey den Austern an sich schon ist. Dann thut man in jede Schaale der Austern ein Löffelein voll zergangenen Butter, ein wenig Semmelmehl und gestoßene Muskatenblüthe, setzt die Austern auf einen Rost auf Kohlen, und läßt sie so lange stehen, bis sie anfangen zu sieden, und die Schaale außen herum gelb werden will; dann druckt man in jede Auster Citronensaft, hebt sie vom Rost, setzt sie sammt den Schaalen auf eine Schüssel und trägt sie gleich auf den Tisch.

81. Schnecken zu kochen.

Die Schnecken läßt man ein paarmal in Wasser, worin eine Handvoll Salz geworfen, wie ein paar linde Eyer aufkochen, bis sich die Blättlein oder Deckel gut abnehmen lassen. Dann werden sie mit einer Gabel oder spitzigem Messer aus den Häusern herausgezogen, die schwarze Haut davon abgezogen, das Harte vornen am Kopfe und der Schwanz weggeschnitten, und das Uebrige in Salzwasser gelegt. Die Schaalen oder Häuser muß man mit Salz, oder warmen Wasser von innen und außen rein waschen, und trocknen lassen. Zu 25 Schnecken nimmt man einen halben Vierling Butter, eben so viel Sardellen, welche rein gewaschen, ausgekrätet und zart gewiegt werden, Citronenschaalen, Muskatenblüthe und fein gehacktes Peterlingkraut, solches wird alles wohl untereinander gerührt, davon ein wenig in das Häuslein, dann ein Schnecke oder ein

we-

wenig vom Obigen darauf gethan, etwas Fleischbrühe dazu gegossen und in einem zugedeckten Geschirr oder hiezu verfertigten Schnecken=Teller, auf Kohlen gestellt, kochen lassen.

82. Schnecken zu braten.

Wenn die Schnecken, wie vorher gedacht worden, sammt den Häusern geputzt und gewaschen worden sind, so nimmt man zu 25 Schnecken einen Vierling Butter, läßt ihn zergehen aber ja nicht heiß werden, thut einen halben ausgegräteten zart gewiegten Häring oder 4 Loth Sardellen, etliche fein geschnittene oder gewiegte Zwiebeln, ein klein wenig Pfeffer, Salz und eine kleine Handvoll Semmelmehl dazu, rühret alles durcheinander, thut die Schnecken nebst dem Saft von einer halben Citrone auch dazu, und läßts auf Kohlen eine kleine Viertelstunde kochen. Dann füllt man in jedes Häuslein etwas von dem Gekochten, dann einen Schnecken, auf diesen wieder einen kleinen Löffelvoll von dem Gekochten, stellt sie auf einem Bleche in einem Back= oder Bratofen, und läßt sie nur so lange darinnen, bis sie recht siedheiß sind. Dann gibt man sie auf einer Schüssel gleich auf den Tisch.

Gemüse. *)

83. Spargel zu kochen.

Den Spargel muß man auf den dicken Enden erstlich ein wenig abschaben, ins Wasser legen und
wohl

---

*) Es ist zu merken, daß man an Festtagen, statt Fleisch oder Fleischbrühe, frisches Schmalz, Butter und Wasser nimmt.

wohl abwaschen, die Enden werden eben geschnitten, mit kochendem Wasser und ein wenig Salz zum Feuer gebracht und gar kochen lassen; man muß aber ja zusehen, daß sie an den zarten Enden oder Knöpfen nicht allzu mürbe werden, sonst gehet der beste Geschmack davon. Wenn sie gar sind, so nimmt man sie heraus und deckt sie zu, und wenn man anrichtet, so legt man sie rund herum in die Schüssel. Die dicken Enden werden auswärts gekehret und ein wenig von einander gerücket. Nun wird gute Butterbrühe gemacht nach Nro. 58. und solche darüber gegossen und Muskat darein gerieben. Man kann auch eine Weinsoose darüber machen, nämlich von geriebenem Brode, Wein, ein wenig Wasser, Butter, Zucker und Muskatenblumen, dieses wird zusammen durchgekocht, und zuletzt mit ein paar Eyerdottern abgerührt. Man braucht diese Soose auch über Artischoken.

84. **Blau= oder Winterkohl auf gemeine Art zu kochen.**

Für 2 bis 3 Personen, nimmt man 4 bis 6 schöne Stauden Kohl, schneidet die Blätter vom Stocke herunter, streifet sie vom Stengel ab, putzet das Gelbe und Unreine sauber davon weg, und waschet das Geklaubte aus 2 bis 3 Wasser heraus, läßt es ablaufen und setzet es mit siedendem Wasser und Salz zum Feuer, und läßt es so lang kochen, bis es weich ist. Dann gießet man es in einen Seiher oder Durchschlag, damit das Wasser davon abläuft, schüttet kaltes Wasser daran, und drückt es mit sauber gewaschenen Händen fest aus, hackt oder wiegt es, aber nicht gar fein, röstet in einem halben Vierling Butter oder Schmalz, einen Rührlöffelvoll Mehl ganz gelb, thut dieses in einen Fußhafen, den gehackten Kohl dazu, setzt es auf Kohlen, und röstet diesen Kohl noch ein wenig mit. Gießt dann siedende Fleischbrühe oder Wasser nebst eine eichte Messerspitze voll Pfeffer dazu, reibt ein wenig Muskatennuß daran, und läßts noch eine gute halbe Stunde an einander kochen. Man muß aber den Kohl öfters umrühren, sonst brennt er gern an. Wenn man den Kohl mit Fleischbrühe kocht, ist ein Löffelvoll Gansschmalz und ein wenig Bratenbrühe gut darinnen. Der Kohl ist an sich sehr hart, deßwegen muß er also stark geschmolzen werden. Kastanien sind auch gut darinnen. NB. Der Kohl muß ganz dick gekocht werden, er darf nie eine Brühe haben.

85. Spinat zu kochen.

Der Spinat wird erstlich sauber ausgeklaubt und rein gemacht, wohl gewaschen, in kochend Wasser gethan und ein paarmal aufgekocht, dann auf einen Durchschlag gelegt und das Wasser rein ausgedrückt. Hernach wird er ein wenig durchgehackt und in eine breite Pfanne oder Kasserol gethan, nebst einem guten Stücke ausgewaschenem Butter, ein wenig Mehl, süßen Rahm oder guter klarer Rindfleischsuppe, welches man am liebsten vermag, geriebener Muskatnuß oder gestoßene Muskatenblumen, und ein wenig Salz, solches wird alles wohl durcheinander gerührt, und zusammen durchgestopft. Dann schneidet man Semmeln in lange Striemlein, solche werden in Butter gebraten, und wenn man anrichtet, solche überher auf den Spinat gesteckt, und so man will, mit

Cou-

Couletten, Bratwurst, sancischen oder kleinen Fricandaur garnitet.

86. Gefülltes Kraut zu machen.

Zu einem Krautkopf für 4 Personen nimmt man ein halb Pfund Schweinfleisch, hackt solches recht fein, rührt es mit einer guten Kaffeeschaalenvoll Milch, hernach mit 3 oder 4 Eyern ab; thut Salz, ein wenig Pfeffer und geriebene Muskatennuß, nebst zwei Handvoll Semmelmehl daran und läßts so lange stehen, bis folgendes geschehen ist. Es werden an einem großen Krautkopf die äußern 12 schönsten Blätter abgeblättert, und die nach diesen 12 Blättern weiter hineinstehenden innern Blätter alle bis aufs Herz hinein abgeschnitten. Diese inneren Blätter brühet man eine halbe Viertelstunde in siedendem Wasser; nimmt sie darnach mit einem Schaumlöffel heraus, legt sie in einen Seiher, daß sie ablaufen. In das vorige Wasser legt man die 12 äußern Blätter, wenn man vorher die Rippen auf der Seite, wo sie erhöht sind, so dünn weggeschnitten hat, daß sie dem Blatte gleich sind; man muß aber ja acht geben, daß sie kein Loch bekommen. Man läßt sie nur etliche Wall blos darum übersieben, damit man sie hernach desto besser biegen kann. Auf diese legt man die innern Blätter heraus, daß sie ablaufen, nur mit mehrerer Vorsichtigkeit, daß ja keines zerreißt. Unterdessen bis sie erkalten, drückt man die innern Blätter aus, hackt sie, rührt sie an das gehackte Fleisch, und legt in eine irdene flache Schüssel 5 bis 6 Fäden von gedrehtem leinenen Garn übers Kreuz, so, daß das Ende vom Faden

auf

auf jeder Seite über die Schüssel hinaus hängt. Auf diese Fäden legt man unten in der Schüssel eines von den größten der 12 Blätter, neben herum aber legt man die übrigen Blätter so, daß der obere Theil von jedem Blatte unten auf dem ersten Blatt zusammen stößt, und die Rippen über sich stehen. Dann wird das obige Gefüll nochmals durcheinander gethan, ein Blatt darauf gelegt, die in die Höhe stehenden Blätter aber werden so mit den Rändern einwärts gedrückt, daß sie wieder die Gestalt eines Krautkopfes bekommen. Dann wird noch ein Blatt darauf gelegt, die Fäden werden, einer nach dem andern, alle in eine Hand zusammen genommen, daneben die Blätter einwärts gedrückt, und die Fäden oben alle zusammen gedreht. Das Ende von diesen Fäden wickelt man ein paarmal um ein Hölzlein (Sprößlein,) welches einen kleinen Spannen lang und halben Fingers dick ist. Dieses Hölzlein steckt man auf beiden Seiten unter die Fäden, daß es fest hält. Dann macht man in einem Fuß- oder Bodenhafen von kleinen Stecklein ein Gitter, legt den gefüllten Krautskopf darauf, gießet so viel halb Fleischbrühe und halb Wasser siedend daran, daß die Brühe nicht über den Krautskopf hinaus geht, und deckt den Deckel darauf, läßt ihn in einem Oefelein, beim Bäcker oder auf Kohlen 1 Stunde lang kochen, wendet ihn dann um, und kocht ihn noch eine Stunde. Eine halbe Stunde vor dem Anrichten thut man ein paar Löffelvoll im Butter gelb geröstetes Mehl, oder ein paar Handvoll Semmelmehl und ein Stück Butter, nebst einem halben Quart süßen oder sauren Rahm dazu, und läßts noch kochen. Sollte zu wenig Brühe

daran

Gemüse.

daran seyn, so kann noch ein wenig nachgegossen werden. Wenn man nun den Kopf anrichtet, so hebt man ihn mit einem breiten Schäufelein aus dem Bodenhafen heraus, schneidet die Fäden herunter, legt ihn auf eine Schüssel, gießet die Brühe darüber und trägt ihn zu Tische. Man kann auch an dieß Kraut eine Krebsbrühe machen; aber dann nimmt man statt der Fleischbrühe folgende. Weiche für 2 Kreuzer weißes zu Vierteln geschnittenes Brod in Milch ein, und zerschneide einen halben Vierling frisches Rindsnierenfett (Griff.) Hernach nimm eine kleine Handvoll geklaubtes und gewaschenes Peterlingkraut, eben so viel Schnittlauch (Schnittling,) hacke oder wiege dieses recht fein, dämpfe es in einem halben Vierling Krebs- oder anderem Butter. Wenn es eine Weile gedämpft hat, rühre ein verkleppertes Ey daran, drucke das eingeweichte Brod fest aus, und rühre es auch dazu. Wenn nun dieß alles eine halbe Viertelstunde gedämpft hat, so thut man es in eine Schüssel zum Nierenfett heraus, schlägt etliche Eyer daran, thut Salz und Muskatenblüthe nebst Pfeffer dazu, und machet es wohl durcheinander. Dieses füllt man, wie vorhin gesagt worden, in Krautsblätter. Wer sich mit dem Füllen nicht so viel Mühe geben will, kann die Krautsblätter auf solche Stecklein, wie oben gemeldet worden ist, in ein mit Butter beschmiertes reines Geschirr so legen, daß allemal ein Blatt, darauf eines halben Fingers dick Gefüll, dann wieder ein Blatt, und das Gefüll darauf so lange folget, bis das Gefüll und die Blätter gar sind. Im Kochen verfährt man eben so, wie oben. Wenn man eine Krebsbrühe an das Kraut macht, werden
die

die Krebsschwänze der Länge nach zerschnitten und bar-
auf gelegt.

87. Kohlraben auf die allgemeine Art zu kochen.

Man schälet und schneidet die Kohlraben zu dünnen Plätzen, brühet sie im gesalzenen Wasser, bis sie
weich sind. Dann gießt man das Wasser durch einen
Seiher ab, thut die Kohlraben in ein anderes Geschirr,
gießt siedende Fleischbrühe daran, thut ein wenig gestoßenen Pfeffer dazu, röstet Mehl, in was für Schmalz
als man will, darein; röstet aber, wenn das Mehl bald
gelb ist, eine klein geschnittene Zwiebel mit, rührts dann
mit derjenigen Brühe an, worin die Kohlraben schon
gekocht haben. Wenn man Bratenbrühe hat, und solche
darein thut, werden die Kohlraben noch besser. Nachdem
läßt mans noch eine Stunde kochen und richtet es an.

88. Kohlrabe füllen.

Von dem Kohlrabi oder Rübkohl muß man alle
harte Schaalen recht dicht abschneiden, in der Mitte
durchschneiden, beide Theile aushöhlen und mit dem Ausfüllen
es eben so machen, als mit dem gefüllten Kraut bey Nro. 86.
Wenn er also gefüllt ist, so stülpet man ihn zusammen, dann wird er mit einem Bindfaden kreuzweis zusam-
sammengebunden, und in Wasser und Salz, oder bei einem Stück Rindfleisch recht mürbe gekocht, dann in 4
Theile geschnitten, sauber angerichtet und eine Soose
darüber gemacht, wie über den gefüllten Kohl, man
kann auch darauf herum legen, was man will und hat.
Auch kann man denselben erstlich recht mürbe kochen,

in

in Stücke schneiden, mit Butter geriebenem Brode, Muskatenblumen und Rindfleischsuppe abstopfen und geben, wobei man will.

89. Artischocken zu kochen.

Schneide die Artischocken unten mit einem Messer gleich ab. Auch kann man die obersten Spitzen der Blätter abschneiden, daß sie nicht zu hoch seyen. Dann läßt man Wasser in einer Pfanne siedend werden, salzet es, legt die Artischocken darein, und läßt sie so lang kochen, bis sich die innersten zusammengeschlossenen Blätter herausziehen lassen. Hernach faßt man diese innern Blätter zusammen, zieht sie auf einmal heraus, und nimmt mit einem kleinen Löffel das Haarichte, oder den Saamen auf dem Boden sauber weg. Dabey muß man aber acht geben, daß der Käs schön ganz bleibt. Dann kann man ein wenig Butter inwendig in jeden Artischocken, nebst geriebener Muskatnus thun, die herausgenommenen Blätter wieder hinein stecken, oder anstatt dieser folgendes Gefüll darein machen. Es werden ein paar Priese in gesalzenem Wasser abgesotten, die äußere Haut davon abgezogen, und zu ganz kleinen Stücklein zerschnitten. Wenn man Lebern von jungen Hühnern hat, können solche nebst abgesottenen Morgeln zerschnitten und auch dazu genommen werden. Dieses mischt man untereinander, füllt die Artischocken damit aus, legt, wie oben gedacht worden ist, Butter und Muskatennuß dazu, und läßt die Artischocken in einer Butter- oder Krebsbrühe aufkochen. Wenn man eine Krebsbrühe an die Artischocken macht, so können die Krebsschwänze zerschnitten zu dem Gefüll genommen wer-

werden. Man kann auch etliche gelbe Rüben ganz klein gewürfelt, schneiden, in gesalzenem Wasser weich sieden, und mit dem Obigen in die Artischocken füllen.

90. Karviol oder Blumenkohl zu kochen.

Von dem Blumenkohl muß man rund herum alle harte Schaalen und Blätter, so viel als immer möglich ist, sauber abpuzen und ein wenig ins Wasser legen, in kochendem Wasser mit ein wenig Salz zum Feuer bringen und gar kochen lassen; man muß aber fleißig zusehen, daß er ja nicht zu mürbe wird. Er wird mit einer Schaumkelle ganz behende auf einen Durchschlag geleget, daß er nicht zerbricht, ein gutes Stück ausgewaschener Butter in eine breite Pfanne gethan, mit ein wenig Mehl und Muskatenblumen durchgeknetet, und mit guter klarer kräftiger Fleischsuppe oder süßen Rahm, welches man am liebsten haben will, zu einer sämigen Brühe abgerühret. Man thut den Kohl alsdann auch ganz sachte dazu hinein, deckt ihn zu, und läßt ihn auf ein wenig heißer Asche durchschnitzen und durchziehen. Beim Anrichten wird nach dem Salze probiret. So wird er recht gut seyn, insonderheit wenn man wohl darnach siehet, daß der Kohl nicht zu sehr vermusselt, sondern bey ganzen Stücken fein zierlich in der Schüssel liegt, er kann auch garniret werden.

91. Gefüllten Wörsing.

Man puzet vom Wörsig die äußern unreinen Blätter ab, schneidet ihn in der Mitte entzwey, thut alles Innere bis auf 4 bis 5 Blätter heraus, dann
füllt

füllt man die ausgehöhlten Wörsingstöcke mit einer von denen vorher beschriebenen Gefüllen, legt die von einander geschnittenen ausgefüllten Stöcke wieder recht ordentlich aufeinander, bindet sie mit einem Faden fest zusammen, und kocht sie in siedender Fleischbrühe. Eine Stunde vor dem Anrichten röstet man etliche Löffelvoll Mehl in Butter schön gelb, thuts an die Wörsing=Stöcke nebst gestoßener Muskatenblüthe, ein wenig Pfeffer und Salz, und läßts vollends auskochen. Endlich legt man sie auf eine Schüssel heraus, schneidet die Fäden davon, richtet die Brühe darüber an, und trägt sie zu Tische.

92. Sauerkraut zu kochen.

Wenn das Sauerkraut schon alt und viel sauer ist, wäscht man solches aus frischem Wasser ein wenig aus, setzet es hernach in einem Hafen mit siedendem Wasser, oder mit halb Fleischbrühe und halb Wasser zum Feuer, und läßt es mit einem Stück Butter oder Bratenfett kochen. Es ist gut, wenn man beim Zusetzen gleich etwas Fettes daran thut, denn das Kraut wird milder davon. Wenn es nun etliche Stunden gekocht hat, macht man Gans=, Rinds= oder Schweinen=Schmalz heiß, schneidet eine Zwiebel recht klein, thut sie in das heiße Schmalz, läßt sie ein wenig darinnen dämpfen, thut dann einen Rührlöffelvoll Mehl daran, röstet aber solches nicht lange in dem Schmalze, sondern gießt es bald an das Kraut, schüttet ein Glas Wein daran, und läßt es noch eine Stunde kochen. Man kann im Sauerkraute frisches, gesalzenes, oder halb gedörrtes (gebiegenes) Schweine=Fleisch kochen;

nur

nur muß man sich in der Zeit, da man es hineinlegt, darnach richten, ob das Fleisch alt oder jung ist. Auch kann man einen Fasanen halb abbraten, und im Kraute vollends auskochen, oder einen gespickten Haasen in Stücklein zerhauen, salzen, in einer Bratpfanne im Butter halb abbraten, und im Kraute vollends auskochen. So auch mit Wachteln. NB. Wenn man das Kraut recht stark gekocht haben will, so ist es gut, wenn man es des Tags vorher etliche Stunden kochen läßt, und den andern Tag erst vollends auskocht.

93. Süßes oder weißes Kraut zu kochen.

Man putzt von den Kraut-Stöcken die äußern unreinen Blätter weg, zerschneidet solche nach Belieben, brüht das gepuzte Kraut in einem Hafen in siedendem Wasser, nebst ein wenig Salz, bis es weich ist. Dann gießt man es durch einen Seiher oder Durchschlag, stößt es mit kaltem Wasser ab, thut es, wenn es recht abgelaufen und ausgedruckt ist, in ein anderes Geschirr, streuet etliche Löffelvoll weißes Mehl darauf, legt ein Stück Gans-, Schmalz-, Bratenbrühe oder Butter dazu, thut ein wenig Kümmel und gestoßenen Pfeffer daran, gießt Fleischbrühe oder gesalzenes Wasser, aber gar nicht viel dazu, und läßts noch eine Stunde kochen. Man muß es aber öfters umrühren, daß es nicht anbrennt. Wer das Saure liebt, kann auch ein wenig Essig daran thun und mitkochen lassen.

94. Brau-

94. Braunen Laugenkohl mit Kastanien.

Dem braunen Kohl muß man die Blätter von den Stengeln abstreifen, das Herz mit den mürben Stengeln abschneiden und kreuzweise einkerben, man muß aber zusehen, daß man keine welke Blätter mit darunter bekommt, denn solche werden nicht mürbe, und verderben das andere. Dann wird er wohl gewaschen und in kochend Wasser nebst einer Handvoll Salz, zum Feuer gebracht, zugedeckt und recht mürbe gekocht, hernach auf einen Durchschlag gethan und das Wasser rein ausgedrückt. Dann wird ein guter Theil ausgewaschener Butter und rein gemachte Kastanien in einen Topfe gethan, zugedeckt und auf dem Kohlfeuer langsam durchgeschwitzt und zuweilen umgeschüttelt, bis die Kastanien recht mürbe sind, und der Kohl mit der Butter recht durchgestoßen ist, so wird er recht. Wer Rosinen darin mag, der kann auch solche darein thun, man muß sie aber vorher ein wenig besonders kochen und zu dem Kohle thun. Und also kocht man den Kohl vor und nach dem Froste; wenn aber der Kohl recht gefroren ist, so kann man ihn wie vorher recht sauber abputzen, wohl abwaschen, das Wasser rein abschwenken und mit einem guten Stücke Butter zum Feuer setzen, fest zudecken und auf gelindem Kohlfeuer in seiner eigenen Brühe gar schwitzen lassen, und zuletzt, wenn er gar und recht mürbe ist, mit den Kastanien vollends zurecht machen, so wird er auch recht. Es dienet dabei eine Bratwurst, fancische Carbonade, eingepäckelte Gans und Ente, oder auch eine gebratene Gans oder gebratene Enten, was man hat und haben will.

95.

Gemüse.

95. Weiße Rüben.

Sie werden abgeschält, nach Belieben zerschnitten, alsdann in einem Fuß- oder Bodenhafen ein Stück Schmalz heiß gemacht, die Rüben, wenn sie gewaschen und in einem Seiher wieder abgelaufen sind, darein gethan, und eine Stunde gedämpft. Man muß sie aber etlichemal umschütteln, daß sie überall weich werden. Zu Rüben für 4 Personen wird Schmalz einer Haselnuß groß in einem Pfännlein zerlassen, ein guter Eßlöffelvoll Zucker darein gethan, und so lang umgerührt, bis er anfängt zu schäumen und ganz braun wird. Darnach wird dieses über die Rüben gegossen, die Rüben werden umgeschüttelt, und noch eine halbe Stunde gedämpft. Dann wird ein wenig Fleischbrühe daran gegossen, und alles noch eine Zeitlang gekocht. Die Rüben dürfen niemals viel Brühe haben. Man kann, ehe man die Brühe an die Rüben thut, sie mit ein wenig Mehl bestreuen, auch ein Stücklein halb abgesottenes Hammelfleisch darein thut, und vollends darinnen auskochen.

96. Zucker-Erbsen.

Man nimmt die Zucker-Erbsen, zieht die Fäden herunter und wäscht sie. Hierauf wird in einem Fußhafen ein Stück Butter heiß gemacht, die Erbsen werden, nebst einem wenig klein gezopften Peterlingkraut und Salz hinein gethan, und so eine kleine Stunde gedämpft. Alsdann wird ein wenig Fleischbrühe daran geschüttet, Semmelmehl oder in Butter gelb geröstetes Mehl, nebst einem wenig Muskatennuß daran gethan, und noch alles so lange gekocht, bis die Erbsen weich sind.

sind. Man kann auch Hammel- oder Lammfleisch darinnen kochen.

97. Erdäpfel oder Erdbirn zu kochen.

Die Erdäpfel muß man vorher abwaschen und sauber abschälen, mit ein wenig Salz und Wasser abkochen, sie werden aber geschwind mürbe, daher muß man sich wohlvorsehen. Das Wasser wird rein abgegossen und die Erdäpfel in eine breite Pfanne oder nur auf eine etwas tiefe Schüssel gethan, und mit einem Stücke Butter, ein wenig süßem Rahm, gestoßenem Zwieback, ein wenig Salz und Muskatenblumen durchgestoßen.

98. Lattucken-Salat warm zu kochen.

Man blättert die Stöcke ab, schneidet die größten Rippen heraus, putzet das äußere und obere Grüne an den Blättern weg, und wäscht den Salat. Alsdann brühet man ihn in gesalzenem Wasser, bis die Rippen fast weich sind, gießet ihn ab, läßt Butter in einem Fuß- oder Bodenhafen heiß werden, röstet etliche Löffelvoll Mehl gelb darinnen, rühret es mit siedender Fleischbrühe an, thut den ausgedruckten Salat, nebst ein wenig Muskatennuß darein, und läßt ihn noch eine Stunde kochen, daß er nur noch wenig Brühe hat. Vor dem Anrichten thut man, wenn es Salat für 4 Personen ist, ein halb Quart süßen Rahm daran, und läßt ihn noch etlichemal mit auskochen. Eben so kocht man auch den Endivien-Salat. Man kann auch Kalbfleisch oder Tauben in diesen Gemüsen, wenn sie zuvor abgebrüht sind, kochen; man muß aber das Fleisch oder die Tauben vorher in Butter dämpfen, oder in Fleischbrühe ein wenig verwällen lassen.

99. Meer-

99. Meer-Rettig oder (Kren) mit Fleischbrühe.

Man schabt ihn sauber, reibt ihn auf einem Reibeisen. Wenn so viel als man braucht, gerieben ist, wird auch hartes weißes Brod auf dem nämlichen Reibeisen gerieben, damit dadurch zugleich dasjenige sich ablediget, was vom Meer-Rettig im Reibeisen noch hangen geblieben ist. Man thut ihn sammt dem geriebenen Brode in einen Fußhafen oder in ein Kasserol, mit Fleischbrühe, Butter und Muskatennuß viel oder wenig, nachdem man vom Meerrettig viel oder wenig hat. Man läßt ihn nur eine Viertelstunde kochen, so ist er fertig.

Verschiedene Sachen zu Gemüsen.

100. Gebackene Kalbsfüße, Briese ꝛc.

Wenn diese gesotten und zu Stücken, wie man sie haben will, zerschnitten sind, so wird folgendes Teiglein gemacht: Ein paar Hände voll Mehl wird mit kaltem Bier angemacht, wozu man einen kleinen Vierling Provenzeröhl mit etwas Salz rühren kann; das Weiße von zwey Eyern wird zu Schnee geschlagen, auch darein gerührt, und der Teig vollends mit Wasser so dünn gemacht, wie ein dünner Spatzenteig. In diesem Teige werden obige Stücke umgekehrt, und im Schmalze recht stark ausgebacken. So kann man auch Kalbsgekrös, junge Hühner und Tauben backen.

101. Kalbsleber.

Die Kalbsleber wird abgehäutelt, gewaschen und zu Fingersdicken Stücklein geschnitten, dann etliche Stunden in Milch gelegt. Hierauf läßt man in einem flachen Fußhafen oder Tiegel Butter heiß werden, nimmt die Leber aus der Milch heraus, trocknet sie mit einem reinen Tuche ein wenig ab, bestreut sie mit Semmelmehl oder geriebenen schwarzem Brode, thut sie in den heißen Butter, nebst Pfeffer und Salz, und läßt sie auf allen Seiten schnell gelb werden. Man kann sie auf grühe Gemüser, auf Wörsing oder auf weißes Kraut gebrauchen.

102. Carminade von Kalbfleisch.

Sollen die Carminaden niedlich zugerichtet werden, so haue unten das dickste Bein von den dazu gehörigen Stücken Fleisches, und oben an dem langen Bein schabe das Fleisch hinunterwärts so weit hinweg, daß man das Bein mit 2 Fingern fassen kann. Klopfe sie ein wenig mit dem Hackmesser, lege sie in einer flachen Schüssel herum, und bestreue sie mit Salz. Mache Butter heiß, dämpfe klein geschnittene Zwiebeln kaum gelb darinnen, gieß es auf den Carminaden herum, und lasse sie, so lang es die Zeit leidet, stehen. Wenn das Fette daran gestanden ist, so stelle sie zur Wärme, daß sie überall fett werden. Bestreue sie auf beiden Seiten mit Semmelmehl, worunter klein gewiegter Peterling gemischt ist, und brate sie auf dem Roste. Man muß sie unter dem Braten mit ein wenig zergangenem Butter begießen, daß sie nicht zu trocken werden, oder wenn man will, schmiert man ein Blättlein Papier mit Butter, und bratet sie darinnen. Man kann diese Carminaden auch auf folgende Art zurichten: Mache eine Fars- oder Fleischfülle, drücke solche Fingersdick auf die Carminade, überstreiche sie mit einem Ey, schneide mit einem Messer ganz kleine Gitterlein oben auf die Fars, bestreue sie mit Semmelmehl, und brate sie in einer Pfanne, worin Butter zerlassen, ganz langsam. Alle diese Carminaden können aufs Gemüse gebraucht werden, oder man kann sie auch mit einer Soose auf den Tisch geben.

103. Küchlein von kaltem Braten.

Es wird für einen halben Kreuzer weißes Brod in Milch eingeweicht, und wenn es weich ist, wieder ausgedrückt; dann mit ein wenig fein geschnittenen Schalottenzwiebeln in einem Stücke Butter gedämpft, unter dem Dämpfen ein Ey daran geschlagen, und noch ein wenig mit gedämpft. Das Fleisch vom Braten wird indessen klein gehackt oder gewiegt, und an das Gedämpfte mit 1 oder 2 Eyern gerührt, Salz und Muskatenblüthe daran gethan, und davon werden eben solche Küchlein, wie vorher gesagt worden ist, gebacken.

104. Bratwürstlein ohne Därme.

Es wird ein halb Pfund Schweinfleisch recht klein gehackt, dann ein 2 Fingers großes Stücklein frischer Speck, ganz klein gewürfelt, darein geschnitten. Solches wird in einer Schüssel mit dem Rührlöffel wohl gerühret, dann nach und nach ein Trinkgläslein voll Wasser, nebst ein wenig fein geschnittener Zwiebel, Pfeffer, Ingwer

und

Verschiedene Sachen zu Gemüsen. 67

und Salz, und wem es beliebt, auch Majoran daran gerührt. Wenn der Teig recht durcheinander gemacht ist, so wird auf einen Deckel oder Brett Mehl gestreut, jedesmal ein Löffelvoll von dem Gehäcke herausgenommen und ein Bratwürstlein, ohngefähr 2 Finger dick und 1 Finger lang, daraus gemacht. Alsdann wird Butter oder Schmalz in einer Backpfanne heiß gemacht, und die Würstlein werden schön gelb darinnen gebacken.

Pasteten.

105. Wie alle Sachen, wovon man eine Pastete machen will, vorher präpariret und eingerichtet werden müssen.

1) Alles zahme Flügelwerk, als Tauben, Küchlein, Kapaunen, Kalekuten, Enten und alles, was dergleichen seyn kann und mag, muß so zeitig abgethan werden, daß es recht durchkühlet, sonst bleibt es zähe und wird nicht mürbe; dann wird es präpariret und ein wenig steif gemacht, und nach Belieben mit gröblicht geschnittenen Speck durchzogen.

2) Rebhühner, Berghühner, wilde Enten, wilde Tauben und dergleichen, wenn solche vorher rein gemacht sind, werden zierlich eingebogen, ein wenig steif gemacht und mit gröblichen Speck durchzogen.

3) Hasen muß man zuvor alle blaue Haut und Sehnen ganz dünn und suptil abziehen oder abschneiden, dann in proportionirliche Stücke hauen, mit Speck durchziehen und auf einem Roste ein wenig steif werden lassen.

4) Wild kann man in große Stücke oder dicke Scheiben schneiden, oder so es eine Keule, die nicht allzu groß ist, kann man sie auch nach Belieben ganz

lassen,

laſſen, die Haut ſauber abſchneiden, mit Speck wohl durchziehen, und dann gleichfalls auf einem Roſte ein wenig ſteif werden laſſen.

5) Ein kalekutiſcher Hahn, inſonderheit wenn er alt iſt, muß vorher wohl geſchlagen werden, daß die Bruſt ganz platt am Rücken lieget, ſonſt liegt er allzu hoch und ungeſchickt in der Paſtete, dann wird er gleichfalls mit Speck durchzogen und entweder im kochendem Waſſer oder auf einem Roſte ſteif gemacht.

6) Schnepfen, Kramtsvögel und Lerchen werden zwar zum Braten nicht ausgenommen, jedoch wenn ſelbige in eine Paſtete oder ſonſt zu einem Ragout gebraucht werden ſollen, ſo müſſen ſie ausgenommen werden; die Galle von der Leber und die Mägen werden rein gemacht, ſolches mit den Gedärmen klein gehackt und mit in die Paſtete gethan, nämlich unten und oben überher eingeſtrichen, es giebt einen vortrefflichen Geſchmack.

7) Kalbfleiſch, Lammfleiſch und was ſonſt von dergleichen Sorten ſeyn mag, wird in mittelmäßige Stücke gehauen, und ein paarmal mit Waſſer beſtarret. Nun ſehe man, wie alle Sachen vorher zu einer Paſtete müſſen präpariret werden.

106. Wie alle Sachen zu einer Paſtete vorher müſſen einmarginiret oder einpaßiret werden.

Wenn man nun von einer oder der andern von obigen Sachen eine Paſtete machen will, und noch obiger Anweiſung präpariret, ſo thut man etwas Weineſſig,

essig, Salz, gestoßene Nägelein und Muskatenblumen, Zwiebeln, Petersilie, ein wenig Thymian und Basilikum, alles klein gehackt, Lorbeerblätter und Citronen, alles zu dem Weinessig gethan und durch einander geschlagen; die Sachen eines nach dem andern darin umgekehret und in eine tiefe Schüssel gelegt; das Nasse, so übrig ist, überher gegossen, zugedeckt, und eine Weile damit stehen lassen, solches heißt einmarginiren. Zweytens: So kann man auch die Sachen in ein Kasseroll legen: Nimm ein kleines Stückchen Butter, Salz, Zwiebeln, Petersilie, Thymian, Basilicum, Nägelein, Muskatenblumen, Lorbeerblätter und Citronen, mache alles klein, decke es dann zu und lasse es auf gelindem Feuer wohl durchschwitzen, kehre es zuweilen um, daß es allenthalben und durchgehends nur ein wenig durchschmohret, nehme es vom Feuer und lasse es abkühlen. Solches heißt man einpasiren oder etwas zu einer Pastete abschwitzen.

107. Geblätterter Butter = Teig zu Pasteten oder Torten. *)

Man nimmt ein Pfund Mehl, thut es auf ein Nudelbrett, macht in der Mitte eine Grube ins Mehl, thut ein paar Messerspitzen voll Salz, nebst einem Ey und ohngefähr ein Trinkgläsleinvoll Wasser, einen Eßlöffelvoll Branntwein, und ein Stück Butter, wie ein halbes Hühnerey klein zerschnitten darein, machts mit

einem

---

*) Bey Verfertigung aller Butter=Teige ist zu merken, daß das Mehl schön weiß und trocken seyn muß. Schlechtes Mehl verderbt ihn. Sollte es knollicht seyn, so muß man es lieber, ehe man es braucht, durch einen Durchschlag rühren.

einem Messer untereinander, wirkt den Teig zu einem
Laiblein, bis er so ist, daß wenn man mit einem Finger
auf das gewirkte Laiblein hinein drückt, der Teig wieder
aufgeht. Dann läßt man ihn eine Stunde ruhen, wärgelt (wälzet) ihn aus, nimmt einen großen runden Deckel, leget ein saubers nasses Tuch darüber, und auf das
Tuch den Butter, deckt ihn mit der andern Hälfte vom
Tuch wieder zu, und wärgelt den Butter zwischen dem
nassen Tuche mit dem Wargelholze (Wallholze) halben
Fingers dick aus. Dann drücket man das Wargelholz
wieder ab, und wärgelt den Teig noch einmal so groß
als der Butter ausgewärgelt ist, legt den Butter
auf die halbe Seite vom Teige, schlägt die andere halbe
Seite darüber, und wärgelt so den Teig aus. Man muß
aber recht acht geben, daß er kein Loch bekommt. Auf
diese Art wird er viermal ausgewärgelt, das einemal
von der linken zur rechten, und das anderemal von der
rechten zur linken Hand übergeschlagen, bis er an 4 Thei-
len eingeschlagen ist. Wenn es die Zeit erlaubt, ists
gut, wenn man den Teig nach dem ersten Auswärgeln
eine Stunde ruhen läßt.

108. Mürber Butterteig.

Ein halb Pfund Mehl wird in eine Schüssel gethan, ein halb Pfund Butter ganz klein darein geschnitten, ein Gläslein Wein und ein oder zwey Eyerdotter dazu gethan, und mit einem Löffel recht durcheinander gemacht. Dieser Teig wird auf einem Nudelbrette ein wenig gewirkt, ausgewärgelt und etlichemal
über einander geschlagen, bis man sieht, daß der Butter

ter das Mehl angenommen hat. NB. Er ist zu Torten und Pasteten zu gebrauchen.

109. Allgemeiner Butterteig.

Zu einem halben Pfund Butter nimm drey Viertelpfund Mehl, schneide von diesem Butter einer wälschen Nuß groß zu kleinen Stücklein in das Mehl, mache mit Milch einen nicht gar festen Teig daraus, wirke ihn noch ein wenig, wärgele ihn Messerrücken dick aus, und belege ihn mit eben so dicken Schnitten Butter. Schlage den Teig über einander, und wärgle ihn so oft aus, bis kein Butter im Teige mehr zu sehen ist. NB. Man kann ihn zu allen Backwerken gebrauchen.

110. Eine Krebspastete am Fasttage.

Zu einer Pastete für 4 Personen nimmt man für 3 Kreuzer weißes Brod, schneidet die Rinde davon, und verstopft oder schneidet das Innere klein. Dann gießt man ohngefähr ein gutes Seidlein (halbe Maaß) Milch daran, und wenn es ein wenig geweicht ist, läßt man es so lange kochen, bis keine Milch mehr an dem Brode ist. Indessen siedet man 20 mittlere oder 30 kleine Krebse, bricht die Schwänze und Scheeren heraus, stößt die Schaalen, und röstet sie in einem guten Vierling Butter, gießt ihn durch ein sauberes leinenes Tuch, und thut den größten halben Theil an das gekochte weiße Brod, rührt es mit sechs Eyerdottern recht stark an, schlägt von vier Eyern das Weiße zum Schaume, und thut dieses mit ein wenig in Buter gedämpften Schalotten-Zwiebeln und Peterling, nebst den klein ge-

schnittenen

Pasteten.

schnittenen Krebsschwänzen, Scheeren, abgesottene und klein geschnittene Morgeln, ein wenig gestoßene Muskatenblüthe und Salz darein; füllt damit einen Butterteig, als wie man eine Torte füllt, bestreicht sie mit einem verkleppertem Ey, und läßt sie schön gelb backen. Wenn sie aus dem Ofen kommt, wird sie mit dem übrigen Krebsbutter bestrichen, und noch einen Augenblick in den Ofen gestellt. Von diesen kann man auch kleine Pastetlein füllen, und mit oder ohne Deckel backen.

111. Von Verfertigung und Zusammensetzung aller Pasteten ꝛc.

Die Pasteten werden alle und überhaupt in Tortenpfannen oder Pastetenpfannen gemacht, und auch, alle Sachen dazu wie vorher präpariret, und nachdem die Sachen sind, verfertigt man auch den Teig, nämlich zu jungen feinen Sachen macht man auch gerne einen feinen mürben Teig oder auch einen Blätterteig, welches man am liebsten vermag, zu gröbern Sachen aber, als Haasen, Wild, wilden und zahmen Enten und dergleichen, macht man einen ordinairen mürben Teig von feinem oder ordinärem Mehl. Man nimmt ein Pfund (oder drey Vierling) Butter, welche vorher gut gewaschen werden muß, diese Butter wirft man stückweise unter das Mehl, und mengt es auf einen Backtisch gut durcheinander; alsdann macht man in der Mitte ein Loch und schlägt 3 oder 4 Eyer darein, dann wird es mit kaltem Wasser angenetzet, wohl durchgemenget, Wasser nach gerade zugegossen, auf daß der Teig nicht zu weich, sondern recht steif und zähe werde. Will man aber den Teig recht mürbe haben, wie zu gegenwärtige Pastete, so nimmt man etwas feines Mehl und etwas mehr Butter. Man kann diesen Teig so fein machen, wie zu Torten nöthig ist. Wem nun die aufgesetzten Pasteten nicht gefallen, sondern wer den Teig, welcher bey einigen das beste ist, mitessen will, der mache seine Pasteten also: Man nimmt einen Bogen Papier und schneidet ihn nach der Größe der Pfanne und legt solches unten ein, dann wird ein mürber Teig oder Blätterteig, wie man es haben will, verfertiget, und ein Boden oder Unterblatt davon auf das Papier in eine Pfanne gelegt, das nicht zu dick und nicht zu dünn ist; dann werden die dazu in Bereitschaft stehenden Sachen ordentlich und zierlich mit Farce und Speckscheiben eingelegt, wie bey den vorigen angezeiget ist, dann ein Deckelblatt darüber gemacht, das gleichfalls weder zu dünn noch zu dick ist, je nachdem die Pastete und Sachen sind. Der Rand wird wohl mit Eyern bestrichen, dann rundum zierlich ausgedrückt, der Teig nach der Höhe des Randes der Pastetenpfanne rund herum glatt abgeschnitten und mit einem Messerrücken eingekräuset, wobey man den linken Daumen allezeit gegen halten muß, auch wird ein klein ausgeschnittener Deckel darüber gemacht, und unten und oben mit Feuer mit guter Aufsicht gar gebacken. Weitere Umstände sind bey den Pasteten in mürben Teig und Butterteig nicht zu machen; wenn man gleich Zierrathen und Figuren daran machen wollte, so hält dergleichen Teig nicht die Form, sondern er backt sich aus.

112. Pastete von Schnepfen.

Wenn man eine Pastete von 2 Schnepfen machen will, werden sie abgeropft und gewaschen. Jede

Schnepfe

Pasteten.

Schnepfe wird in der Mitte von einander geschnitten, und das Eingeweide heraus gethan. Die von einander geschnittenen Schnepfen werden mit Wein ausgewaschen, alsdann mit ein wenig Salz, gestoßene Nägelein und Muskatennuß bestreut, und in ein irdenes Geschirr, worinnen sie gekocht werden sollen, gelegt. Der Wein mit welchen sie ausgewaschen worden sind, wird darauf gegossen und das Geschirr zugedeckt. Wenn dann die Schnepfen etliche Stunden, oder noch besser über Nacht, also gebeizt worden sind, wird das Eingeweid, nachdem man den Magen vorher weggethan hat, mit einem zwey Finger grossen Stücklein Leber, oder einen umgewendeten, und abgeschabenen Kalbsmilz recht fein gehackt oder gewiegt. Diese Leber und Kalbsmilz nimmt man aber nur in dem Falle dazu, wenn man viel Soos haben will; sonst muß es eben nicht seyn. Hernach wird ein Stück Butter, so groß wie ein halbes Hühnerey in einem Pfännlein zerlassen, darinnen ein Löffelvoll Semmel= und eben so viel rechtes Mehl ganz weißgelb geröstet, das Gehackte dazu gethan, und noch ein klein wenig mit geröstet. Dieß Geröstete wird mit siedender Fleischbrühe angerührt, an die Schnepfen gegossen, ein Glas Wein daran geschüttet, von einer halben Citrone die Schaale fein geschnitten, diese mit ein wenig vom vorherigen Gewürz dazu gethan, und noch so lange gekocht, bis die Schnepfen weich sind. Eine Viertelstunde vor dem Anrichten reibt man etliche kleine Stücklein Zucker an einer Citrone ab, thuts auch an die Schnepfen, und richtet sie hernach in eine leer gebackene Pastete an. Will man aber die Schnepfen gleich in einer Pastete kochen, so wird mit mürbem

But=

Butterteige eine Zinnschüssel ausgelegt, die in Wein und Gewürz gebeizten Schnepfen werden nebst einem Stücke Butter darein gethan, das Eingeweid aber, wenn es recht fein mit Citronenschaalen gehackt worden ist, mit eben so viel ungeröstetem Semmel- und rechtem Mehl, als man vorher genommen hat, angemacht, hernach mit Fleischbrühe und Wein angerührt, und über die Schnepfen so gegossen, daß die Schüssel bis an den Rand voll ist, alsdann wird der Deckel darüber gemacht, mit Eyer bestrichen, und die Pastete anderthalb Stunden im Ofen gebacken, hernach auf den Tisch gegeben. Wenn man statt der ordinären Fleischbrühe Schü oder braune Fleischbrühe nimmt, werden die Schnepfen noch viel besser und kräftiger.

113. Wie man die Fische zur Pastete einrichten und präpariren muß.

Alle Sorten Fische, was es auch für welche seyn mögen, muß man eine jede nach ihrer Art vorher rein machen, und entweder reißen und in zierliche Stücke, oder auch rund abschneiden, nachdem man will und nachdem die Fische sind, sie wohl abwaschen, mit Salz einsprengen und ein paar Stunden stehen lassen, dann abtrocknen und nach Nro. 106. einmarginiret bis zum Einlegen stehen lassen. Auch kann man ein Stückchen Butter mit an die Fische thun, und solche mit der Marginade, darin sie liegen, ein wenig auf's Feuer setzen und öfters umschütteln, daß sie nur ein wenig steif werden, dann gleich absetzen und abkühlen lassen. Man muß auch etwas Farce von Fischen machen; kann man aber wegen Mangel an Fischen

schen nicht zu einer Farce rathen, so thut man unten und oben ein wenig geriebenes Brod und kleine Stückchen Butter. Eine Farce aber ist allzeit besser. So verfertiget man auch die Fischpasteten nach oben gezeigter Weise entweder in feinen gebrannten, mürben oder Blätterteig, welchen man will oder mag, auch kann man die Soosen darzu machen, welche man will. Kleine Klümpchen von Fischfarce sind schön darein, man muß sie aber vorher aufkochen und in die Soose thun, ingleichen Morgeln, Champion, Championpuder, Austern, Muscheln, Krebsschwänze, Hechtleber, Karpfenmilch oder was man sonst von dergleichen feinen Sachen haben kann.

114. Kleine Kalbfleisch = Pasteten.

Wenn man von einem übrig gebliebenen Kalbsbraten etwas Fleisch hat, wird solches klein gehackt oder gewiegt. Alsdann läßt man ein Stücklein Butter zergehen, und thut nebst etlichen Löffelnvoll Braten = oder Fleischbrühe, etlichen fein geschnittenen Schalottenzwiebeln, Citronenschaalen, Kappern, ein wenig Muskathenblüthe und Salz dazu, drucket Citronensaft daran, und macht es mit einem Ey, oder mit ein wenig Wein oder süßen Rahm recht durcheinander. Dann wird ein geblätterter Butterteig gemacht, nach einem großen Trinkglas kleine Plätzlein daraus geschnitten, eins davon zum Boden genommen, auf dieses ein kleiner Löffelvoll von dem Fleische gethan, neben herum mit einem Ey bestrichen, und ein anderes von denen Plätzlein darauf gelegt, hernach mit Eyern bestrichen, und

mit

mit einem Messer ein klein wenig außen herum abgeschnitten, kleine Schnittlein über zwerch darein gemacht, und schön gelb gebacken. Man kann auch eine große Fleisch-Pastete, in Form einer Torten, eben so machen.

Braten.

115. Gefüllte Kalbs-Brust.

Die Brust muß sauber gewaschen, die Haut von den Beinen auf der einen Seite abgelöst, und die Brust noch einmal ins Wasser gelegt werden, bis folgende Fülle gemacht ist: Man weichet nämlich für einen Kreuzer weißes Brod im Wasser ein. Wenn es weich genug ist, drücket man es aus, läßt ein Stücklein Butter eines halben Hühnereyes groß heiß werden, thut das ausgedrückte Brod nebst ein wenig fein geschnittenen Peterling und Schnittling darein und dämpft es ein wenig. Dann schlägt man 2 bis 3 Eyer daran, thut Salz und ein wenig Muskatnuß dazu, und füllt es in die Brust, nachdem diese noch einmal ausgewaschen und recht abgeloffen ist. Ist sie gefüllt, so nähet man sie zu, salzt sie gehörig, und bratet sie in einer Bratpfanne im Ofelein oder am Spieße; wo man sie zuerst mit gesalzenem Wasser und zuletzt mit zergangenem Butter begießt. Bey allen Braten am Spieße muß man acht geben, daß man immer unten und neben das Geschirr, so man untersetzt, Kohlen thut; damit die Brühe auch einbraten, also Farbe bekommen und besto schmackhafter werden kann.

116. Käl-

116. Sauerer Kälber = Nierenbraten.

Wenn solcher sauber gewaschen und abgelaufen ist, legt man ihn etliche Tage in Essig, thut Citronenscheiben, zu Scheiben geschnittene Zwiebeln, Lorbeerblätter, ein wenig Rosmarin, Peterling, Thymian, auch etliche ganze Pfefferkörner, Nägelein und Salz dazu; kehret ihn alle Tage um, und bratet ihn entweder am Spieße oder in der Bratpfanne. Wenn er am Spieße gebraten wird, so träufelt man ihn mit zergangenem Butter, thut etwas von dem Essig, worin der Braten gebeizt worden ist, und ein wenig Wasser in den Untersatz. Ist der Braten bald vollends fertig, so bestreut man ihn mit recht zart geriebenen schwarzem Brode, begießt ihn noch einmal mit zergangenem Butter, und giebt ihn, entweder mit der Bratenbrühe oder mit einer von den andern beschriebenen Soosen, auf den Tisch.

117. Kalbsschlägel sauer zu braten.

Man wäschet den Schlägel, hauet den Knochen davon, häutelt ihn ab, und spicket ihn mit Speck, wie einen Wildbretbraten. Dann legt man ihn etliche Tage in Essig. Wenn er soll gebraten werden, nimmt man ihn heraus, salzet ihn, und bratet ihn am Spieße, beträufelt ihn unter dem Braten mit halb Wasser und Essig, in den man ein wenig zergangenen Butter gethan hat, und macht zuletzt eine Raumsoose wie Nro. 133. gezeigt wird. Oder man macht einen hölzernen Rost in eine Bratpfanne, salzet den Schlägel, legt ihn hinein, gießt eine Maaß süße Milch daran, thut etliche geschälte und mit Nägelein besteckte Zwiebeln

und

und Lorbeerblätter dazu, und läßt den Schlegel im
Oefelein braten, bis die Milch eingebraten ist. Dann
gießt man ein wenig Essig und Wasser oder Wein daran.
Eine halbe Stunde vor dem Anrichten überstreicht man
den Schlegel mit einem Quart sauren Rahm. Das
Uebrige davon thut man in eine Bratpfanne; aber da
muß man Acht geben, daß die Brühe nicht mehr zu
viel einbrät. Man kann auch klein gewiegte Sardellen
zu dem Rahm in die Bratpfanne thun. Wenn man
den Braten anrichtet, bestreut man ihn mit Kappern
und klein geschnittenen Citronenschaalen, gießt die Soo-
ße durch einen Seiher darüber, und trägt ihn auf. Ein
starker Kalbsschlägel muß 3 bis 4 Stunden lang braten;
zuerst muß aber die Hitze ja nicht zu stark seyn, sonst
wird er zu bald braun. Eine Stunde vor dem Anrichten kann man das Feuer stärker machen.

118. Hammelkeulen oder Rücken als einen Wildbraten herzurichten.

Man muß von dem ganzen Hintertheile eines Ham-
mels die Keulen eben so, als von einem Stücke Wild
ablösen, von dem Rücken wie bei einem Wildziemer an beiden Seiten das Dünne abhauen, alles wohl schlagen,
und mit gröblich gestoßenen Wachholderbeeren, gröblicht geschnittener Zwiebeln, Thymian, Basilicum,
Majoran, Petersilie, Knoblauch, Lorbeerblätter, ein wenig Salz und Essig, eine Nacht einbeitzen, dann aufhängen,
und das Nasse rein heraus triefen lassen. Er wird wie
ein Wildbraten sauber beschnitten, gespickt und an einem Spieße gar gebraten. Man kann eine scharfe

dazu machen, nämlich: man nehme ein paar Anschowis oder ein Stückchen Häring, eine Zwiebel, ein wenig geweichte Championen, ein wenig Kappern, alles wird zusammen klein gehackt, und zuletzt wenn man den Braten abnimmt, solches zu der Butter in die Bratpfanne gethan und zusammen durchgeschmoret, zuletzt nimmt man ein wenig Fleischsuppe, Brühe und kochend Wasser dazu, dann wird es wohl durchgerühret, daß es sich legiret und säumig wird, jetzt wird es durch einen Sieb gestrichen und unter dem Braten oder in einem Kümmchen besonders beigegeben. Man kann auch statt dieser eine Rahmsooße machen.

119 Rehschlegel zu braten.

Man häutelt ihn ab, beizet ihn in Wein oder Essig, oder bratet ihn frisch; aber dann muß er gleich mit siedendem Essig begossen werden. Uebrigens verfährt man wie mit dem erst beschriebenen Hammelsschlegel. Eben so kann auch Wildbretziemer gebraten werden; nur ist folgendes zu merken: Sobald man die Bratpfanne unter dem Braten am Spieße setzt, oder den Braten, um ihn im Ofen zu braten, in die Bratpfanne legt, so thut man gleich, ohngefähr ein Quart halb Essig und halb Wasser, etliche geschälte und mit Nägelein besteckte Zwiebeln, ein paar Lorbeerblätter und ein wenig Citronenschaalen darein, damit die Brühe schmackhafter wird. Auf alles Sauergebratene streuet man beim Anrichten klein geschnittene Citronenschaalen, und belegt es mit Citronenscheiben.

120. Schwarz-

120. Schwarz-Wildpret zu braten.

Von diesem wird die obere Haut abgezogen, das Stück mit Salz und ein wenig Pfeffer bestreut. Wenn es an den Spieß gesteckt, und ein wenig gebraten ist, begießt man es mit siedendem Schmalze, und beträufelt es mit diesem und dem Fette das davon tropft. Ist es halb gebraten, so bestreut man es mit geriebenem Brode, streuet in den Untersatz zu dem Fette einen Löffelvoll Mehl, ein wenig fein geschnittene Zwiebeln, läßts gelb werden, und thut dann Essig und Wasser, Nägelein, etliche Citronenscheiben und ein wenig gebrannten Zucker dazu. Diese Soose läßt man so lang kochen, bis das Wildpret vollends ausgebraten ist, und giebt sie dann mit auf den Tisch.

121. Hasen zu braten.

Man zieht den Haasen ab, läßt aber die Haut sammt den Haaren an den hintern Läufen (Füßen), schneidet das Vordertheil davon, doch so, daß der Haas nicht zu kurz wird, und hackt neben die allzulangen Rippen weg. Dann wascht man ihn sauber, häutelt ihn ab, und spickt ihn recht mit Speck, der eines halben Fingers lang, und eines Schwefelhölzleins dick geschnitten ist; salzet und bestreuet ihn mit ein wenig Pfeffer. Nun bratet man ihn entweder frisch, oder beitzt ihn ein. Wenn man den Haasen braten will, steckt man kleine Hölzlein (Sprießlein) durch den Rückgrab, und durch die Schenkel ein etwas längeres. Das haarigte Theil der Läufe verbindet man mit Papier, oder mit einem feuchten Tüchlein, und steckt so den Haasen an den Spieß. Dann begießt man ihn zuerst mit gesalzenem Wasser und Essig, von jedem die Hälfte, darnach wann er halb ausgebraten ist, mit zergangenem Butter, und dann wieder mit Bratenbrühe. So läßt man ihn vollends ausbraten, daß der Haas aber noch im Saft bleibt. Die Brühe gießt man beim Anrichten durch einen Schaumlöffel über den Haasen, bestreut ihn mit klein geschnittenen Citronenschaalen, und trägt ihn auf. Man kann ihn auch mit saurem Rahm träufeln, oder eine Rahmsoose dazu machen. Auf diese Art kann auch alles Wildbret gebraten werden.

122. Einen Lendbraten wie Wildpret zuzurichten.

Man häutelt den Lendbraten sauber ab, und spickt ihn zierlich, dann legt man ihn wenigstens 4 Tag in Essig und deckt ein Tuch darüber. Dann nimmt man ihn aus dem Essig heraus, legt ihn in ein länglichtes Rohr, streut Salz, Pfeffer und Nägelein auf beide Seiten, davon die gespickte oben bleiben muß, und belegt den Braten mit in Blatten geschnittene Zwiebel, auch Citronenblatten und Lorbeerblätter, schüttet einen Löffel voll Fleischbrühe, auch ein wenig Essig daneben hin, und schickt ihn zum Bäcker. Wenn er ausgebraten ist, so legt man ihn auf eine Schüssel, und schüttet die Brühe durch einen Seiher darüber, streuet länglich geschnittene Citronenschaalen, auch Citronenblatten darauf, und giebt ihn so auf den Tisch.

123. Rindfleisch zu braten.

Hiezu nimmt man den sogenannten Lendbraten,

welchen man, wenn er geklopft ist, mit Salz und ein wenig Pfeffer bestreut. Er wird an den Spieß gesteckt, mit zergangenem Butter begossen, und so langsam gebraten. Kurz vor dem Anrichten wird Citronensaft darauf gedruckt. In das Geschirr, so man unter den Spieß stellt, muß ein wenig Fleischbrühe gethan werden. Diese läßt man einmal einbraten, und gießt wieder eine frische daran, damit man eine Bratenbrühe bekömmt. Bei dem Anrichten drückt man nochmals Citronensaft auf den Braten, und bestreut ihn mit klein geschnittenen Citronenschaalen.

124. Englische Rippen.

Man nimmt die sogenannte gedeckte Rippe auf 8 bis 9 Pfund, wascht sie sauber, spickt selbige mit länglicht geschnittenen Sardellen, auch lang geschnittenen Citronenschaalen, bråt sie am Spieße recht langsam, setzt ein Geschirr unter den Braten, daß er darin abträufelt. Sie muß 4 Stunden braten, auch zum öftern mit Butter begossen werden. Unter dieser Zeit macht man folgende Sardellenbrühe. Man thut 6 Loth Butter in ein Casserol oder Fußhafen, läßt ihn zergehen, thut 2 Kochlöffel voll Mehl schön gelb brennen, dann 4 Loth Sardellen recht fein gewiegt dazu, nimmt ein Glas Wein, und Fleischbrühe so viel nöthig ist, Citronenschelfen, Muskatnuß, auch etwas von der abgeträufelten Brühe, doch daß sie nicht zu dünn wird, dann nehme den Braten vom Spieße, nimm Krebsschwänze und Scheeren, mache sie aus den Schaalen, stecke die Scheeren durch die Schwänze, und bestecke den Braten damit, gieße die Sardellen darüber, streue

recht

recht fein und länglicht geschnittene Mandeln und Citronenschaalen darauf.

125. Einen kalekutischen Hahn, (Indian oder wälsches Stück) zu braten.

Es ist sehr gut, wenn sie, ehe sie gebraten werden sollen, 1 oder 2 Tage vorher gestochen, und gleich nach dem Stechen über Nacht in kaltes Wasser gelegt werden. Denn dieses und alles andere Geflügel wird dadurch so mürbe, als man es auf andere Art nicht zu Stande bringen könnte. Des andern Tages brühet man es, putzet alle Federn und Stupfeln (Stoppeln) sauber davon ab, wäscht und klaubet es nochmals in warmen Wasser sauber ab, nimmt es aus, wäschet es 2 bis 3mal in kaltem Wasser aus, und legt es noch etliche Stunden in frisches Wasser. Wenn es nun soll gebraten werden, nimmt man es aus dem Wasser, läßt es ablaufen, reibet es inwendig mit Salz und Pfeffer aus, und füllet den Kopf mit folgender Fülle: Man wiege die Leber und etwas vom Fette mit ein paar Schalotten- oder andern kleinen Zwiebeln und Citronenschaalen recht fein, rührt es mit ein paar Eßlöffelvoll Milch, und 1 oder 2 Eyern an, thut eine Handvoll Semmelmehl und ein wenig zergangenen Butter, Salz und Muskatennuß dazu. Wenn dieß alles recht durcheinander gerührt ist, füllet man den Kopf damit aus, und nähet ihn zu. Der wälsche Hahn oder Henne wird ordentlich aufgezäumt, gespickt, oder auch in Stücke Speck, die eines Messerrücken dick sind, eingebunden. Wird er gespickt, so wird ein Bogen

Bogen Papier mit Butter bestrichen, und erst wenn das wälsche Stück an den Spieß gesteckt ist, in diesen Bogen eingebunden, damit es vom Anfang nicht gleich zu stark gelb wird. Zuerst begießt man es mit gesalzenem Wasser über das Papier; eine Stunde vor dem Anrichten nimmt man das Papier wieder weg, träufelt das Stück mit zergangenem Butter, und so läßt man es vollends ausbraten. Ein großer wälscher Hahn braucht 4 Stunden, eine Henne 3 und ein kleines junges Huhn kann in anderthalb, bis 2 Stunden fertig seyn.

126. Gebratne Kapaunen mit Austern.

Die Kapaunen werden eben so, wie vorher angezeiget, zum Braten präpariret, man nimmt so viel ausgemachte Austern, als man meinet nöthig zu haben, solche werden in ihrer eigenen Brühe ein wenig gekrellet oder steif gemacht, der Bart wird abgenommen, und in einer Schüssel etwas geriebenem Brode, kleinen Stückchen Butter und mit gestoßenen Muskatenblumen durcheinander gemenget, solches wird in die Kapaunen gefüllt, und wie vorher angezeigt, wurde, weiß und sauber gebraten. Wenn man anrichtet, so kann man noch ein wenig Austern=Soose darunter machen.

Die Austern=Soose wird auf folgende Art gemacht: Die Austern werden aus den Schaalen genommen, in ein Geschirr gelegt, und mit etwas warmen Wasser nur einmal aufkochen lassen, darnach wird ein Löffelvoll Mehl mit einem gutem Stück gewaschenem Butter zusammen durchgeklettert, und nun thut man die Austern nebst einem Löffelvoll Champion=Puder und Citronen dazu. Das Austern=Wasser gießt man durch ein feines Sieb nebst et-

was

was Wein darauf, und thut es mit ein wenig gestoßenen Muskatenblumen zusammen zu einer Sooſe abrühren; zu dieſer Sooſe kann man auch klein geſchnittene Auſtern mit hinein thun.

127. Gebratene und gefüllte Gans oder Ente.

Des Tages vorher, ehe die Gans oder Ente gebraten werden ſoll, wird ſolche geſtochen, abgeropft, gebrühet, ausgenommen und gewäſſert. Man hackt das ſogenannte Gänſerauſch davon, legt ſie noch einmal in friſches Waſſer, und wäſcht ſie aus dieſem wieder ſauber heraus; läßt das Waſſer ablaufen, und reibt die Gans inwendig mit einer Handvoll Salz, worunter etwas Pfeffer gemengt iſt, recht aus; ſalzet ſie auch außen von allen Seiten, und brät ſie im Ofen oder am Spieße; da man ſie zuerſt mit geſalzenem Waſſer, und dann mit ihrem eigenen Fette begießt. Will man aber die Gans füllen, ſo wird ein halbes Kreuzerbrod in Waſſer eingeweicht. Indeſſen wiegt oder hacket man ein Stücklein Speck, oder etwas Fettes von der Gans, nebſt einer kleinen Zwiebel und Peterling recht fein; dämpft es mit dem ausgedrückten weißem Brode in ein wenig zergangenem Butter; ſchlägt 3 Eyer daran, und läßt dieſe unter ſtätem Umrühren noch ein wenig damit anziehen; thut Salz, etwas Muskatnuß, nebſt abgeſottenen, geſchälten und klein geſchnittenen Kaſtanien dazu; macht alles recht durcheinander, und füllet die mit Salz und Pfeffer ausgeriebene Gans damit aus, nähet ſie zu und brät ſie am Spieße oder im Ofen. Man kann auch die Leber von der Gans kleingehackt unter dieſes Geſüll nehmen. Statt der Ka-

ſtanien

stanten können Erdbirn (Kartoffeln) genommen, oder auch ohne alles Gefüll abgesottene und geschälte ganze Erdbirn hinein gefüllt werden. Eine starke Gans darf 3 Stunden braten. Die zahmen Enten werden auf die nämliche Art zubereitet. Eine Ente, wenn sie nicht alt ist, kann in anderthalb Stunden fertig seyn.

Wilde Enten können, wenn sie gebeizt worden sind, am Spieße, oder im Ofen sauer, wie anderes Wild, gebraten werden; nur daß man sie inwendig mit Salz, Pfeffer und Nägelein ausreibt, und eine Zwiebel hinein thut, um der Ente den unangehmen Geschmack zu benehmen. Man kann auch etliche gewiegte Sardellen in die Brühe thun, und die Enten damit begießen.

128. Junge Hühner zu braten.

Wenn diese recht gut werden sollen, muß man sie nach dem Stechen wenigstens 4 Stunden in frisches Wasser legen, aus diesem herausnehmen, sie ablaufen lassen, und hernach erst brühen. Uebrigens werden sie wie Kapaunen, gespickt oder ungespickt, nur geschwinder gebraten. Ein junges Huhn muß in einer halben oder drei Viertelstunden fertig seyn. Wenn es am Spieße ein wenig abgetrocknet ist, begießt oder bestreicht man es mit zergangenem Butter. Dies wiederholt man so oft, als man sieht, daß das Huhn zu trocken werden will. Gegen die Letzte gießt man etlichmal einen Löffel voll heißgemachten Butter inwendig hinein und läßt es vollends so ausbraten. Wems beliebt, kann in das Huhn, wenn es inwendig gesalzen und gepfeffert ist, eine Handvoll sauber geklaubtes und ge-

waschenes

waschenes Peterlingkraut und Thimian stecken; es giebt ihm einen guten Geschmack.

Es können die großen jungen Hühner auch auf folgende Art gefüllt werden: Wenn man sie brühet, muß man Acht haben, daß die Haut kein Loch bekommt. Sind sie nun gewaschen, so schneidet man sie hinten am Halse auf, nimmt den Kropf heraus, und macht die Haut oben auf der Brust mit einem Finger behutsam los, hacket oder wieget die Leber nebst dem Herzen ganz klein, schneidet etliche Schalotten-Zwiebeln und Peterling recht fein, dämpft diese in einem Stücke zergangenem Butter, nebst in Wasser eingeweichtem und wieder fest ausgedrücktem weißem Brode. Wenn es eine Weile gedämpft hat, schlägt man ein Ey daran, rührt es so lange, bis das Ey ausgedrocknet ist; dann nimmt man es vom Feuer, thut Salz und ein wenig Muskatnuß nebst der gehackten Leber dazu, schlägt noch ein Ey daran, und wenn alles recht durcheinander gemacht ist, füllet man es mit einem kleinen Löffel da, wo die Oeffnung gemacht worden ist, zwischen die Haut auf der Brust und inwendig hinein, nähet sie zu, steckt sie an den Spieß, und bratet sie, wie schon gezeigt worden ist.

129. Gefüllte Tauben zu braten.

Mit den Tauben verfährt man auch wie mit andern Federvieh; sie werden gestochen, geropft, ausgenommen, und so lang sie noch warm sind, mit dem Finger die Haut auf der Brust losgemacht; aber man muß sehr Achtung geben, daß man sie nicht zerreißt. Dann wäscht man sie sauber aus etlichen Wassern,

legt

Braten.   91

leget sie noch eine Stunde in frisches Wasser und wenn
sie aus diesem wieder heraus gewaschen worden sind,
füllet man sie mit der nämlichen Fülle, wie bei den
Hühnern beschrieben worden ist, oben auf der Brust, in
den Hals und inwendig aus; knüpfet mit einem Faden
den Hals zu, nähet die Tauben unten auch zu, salzet
und bratet sie entweder in einer Bratpfanne, im Backofen
oder in einem flachen Fußhafen auf Kohlen, oder am
Spieße; man begießt sie mit zergangenem Butter, und
thut in die Bratpfanne oder in den Untersatz ein klein
wenig Wasser. Es braucht gemeiniglich eine Stunde, bis
sie fertig sind. Man kann sie auch sauer braten, aber
dann müssen sie nach dem Waschen gespickt, gesalzen,
und am Spieße, im Ofen, oder im Fußhafen auf
Kohlen mit Essig und Butter, oder statt des Butters
mit saurem Rahme gebraten werden.

130. Schnepfen, Kramtsvögel und Lerchen
zu braten.

Die Schnepfen, Kramtsvögel und Lerchen werden
zum Braten nicht ausgenommen, sondern nur gehörig
rein gemacht, die Beine rückwärts, und inwendig unten bei den Keulen durchgebogen und kreuzweise zu-
sammengesteckt, die Haut vom Halse und Kopf wird abgezogen, der Hals einmal herum gedreht und der Schnabel oben in die Brust gesteckt; solches thut man bei
Kramtsvögeln und Lerchen. Den Schnepfen dreht man
auch einmal den Hals herum, und steckt den Schnabel
durch die Keulen, als wenn man sonst Flügelwerk auf-
spießet. Sie werden auf kleine Spieße gesteckt, und an
einem Spieß gebraten. Bei Kramtsvögel und Lerchen steckt
man

man zwischen einem jedem Vogel ein kleines Scheibchen Speck, und so kann man sie gleichfalls mit kleinen Spißchen an einen Spieß binden, oder auf einem Roste gar braten; unter die Schnepfen, welche man an einen Spieß braten muß, werden geröstete Semmelscheiben in die Bratpfanne gelegt, daß das Eingeweide, so heraus bratet, darauf fällt, und wenn man anrichtet, so legt man das Brod unter die Schnepfen.

131. Berghühner, Rebhühner, Fasanen und dergleichen.

Bei Berghühnern, Rebhühnern, Fasanen und dergleichen ist nur dieses zu erinnern, daß man solche sauber und zierlich aufpuzet und auffreizet, und die Köpfe rauch mit Federn daran sizen läßt, und über Kohlfeuer ein wenig steif macht; sie werden sauber gespickt oder mit Speck und Papier bewunden, und mit guter Aufsicht gebraten. Von den Berghähnen schneidet man den Kopf röhe ab, weil er des rothen Kammes wegen so schön aussiehet, und leget ihn hernach beim Anrichten auf den Rand von der Schüssel.

132. Ei=

132. Einige Soosen zu obigen Speisen.

Rahm-Soose über gebratnes Wildpret, wird auf folgende Art gemacht: Wenn das Wildpret bald vollends ausgebraten ist, rührt man einen kleinen Rührlöffel voll Mehl mit einem Quart sauren Rahm an; überstreicht oder begießt den Braten etlichemal damit, das Uebrige thut man zur Bratenbrühe, und läßt es mit etlichen Citronenscheiben und gestoßenen Nägelein noch ein wenig kochen. Sollte die Soos zu dünne seyn, kann ein Löffelvoll Mehl darin geröstet werden. Das Wildpret wird, wenn es fertig ist, auf eine Schüssel gelegt, und die Soose darauf oder darunter angerichtet. Es können auch Kappern darein gethan werden.

Eine andere Rahm- oder Milch-Soos zu machen, stößt man eine Handvoll abgezogene Mandeln recht zart, röstet sie in einer meßingenen Pfanne mit einer Handvoll Zucker recht schön gelb; rührt sie mit 2 bis 3 Eyerdottern und einem Seidlein süßen Rahm oder Milch an, und läßts unter beständigem Umrühren aufsieden. Man kann auch ein Stücklein ganzen Zimmet damit aufkochen lassen. Oder: Man gießt so viel Rahm, als man nöthig hat, in eine meßingene Pfanne, thut nach Belieben Zucker, ein Stücklein Zimmet, und

94   Einige Soosen zu obigen Speisen.

Citronenschaalen dazu, und läßt es ein wenig damit kochen Dann zerrührt man zu einem Seidlein Rahm 4 Eyerdotter gießt die Milch nach und nach dazu, und giebt sie zu den Speisen, wie angezeigt worden ist, auf den Tisch.

Zur Kukummern-Soose schneide die Kukummer ganz dünne, dämpfe sie in einem Stücklein zergangener Butter, mit einer fein geschnittenen Zwiebel, und einen Löffelvoll Mehl, eine kleine Viertelstunde; thue ein wenig Pfeffer, Salz und wems beliebt ein paar Löffel voll Essig dazu; welcher aber auch wegbleiben kann Wenn die Kukummern weich sind, wird die Bratenbrühe daran gegossen, und entweder in einem Geschirre allein oder in der Bratpfanne noch eine halbe Stunde, auch weniger gekocht; dann über den Braten angerichtet. Zu einem kleinen Hammelschlegel nimmt man gemeiniglich 6 bis 8 mittlere Kukummern.

Zur Trüffel-Soos werden die Trüffel in warmes Wasser gelegt, sauber geputzt und gewaschen, mit Wein, etliche Schalottenzwiebeln, einem Stücklein Schinken, ein wenig Muskatenblüthe und einem Lorbeerblatt gesotten. Dann wird ein wenig Mehl in Butter geröstet und mit guter Fleischbrühe aufgefüllt, von den Trüffeln die Zwiebeln, das Lorrbeerblatt und Schinken herausgenommen, und diese sammt dem Wein, wenn sie gesotten worden sind, zu der Brühe gethan, Citronensaft daran gedrückt, und so noch eine halbe Stunde aneinander gekocht. Wenn die Soos nicht braun genug ist, kann Zucker daran gebrannt werden.

Wein-Soos. Zu einem Seidlein Wein gießt
man

Einige Soosen zu obigen Speisen.

ein gutes Quart Wasser, thut eine Handvoll Zibeben, (große Rosinen,) eben so viel Weinbeere; ein Stücklein ganzen Zimmet, Citronenschaalen, und nach Belieben Zucker dazu, und läßt dieses alles mit einander eine Viertelstunde kochen. Dann röstet man in heißgemachtem Schmalz etliche Löffelvoll Mehl schön gelb, rührt es mit dem siedenden Wein an, und läßt mit diesem noch eine Vietelstunde kocßen, so ist diese Soose fertig, und man giebt sie zu Kaiserkuchen, oder zu andern beliebigen Speisen zu Tisch.

Zucker zu brennen, womit man alle Soosen färben kann, geschieht auf folgende Weise:

Man thut ein paar Löffelvoll weißen Zucker in ein eisernes Pfännlein, rührt ihn auf Kohlen immer um, bis er anfängt recht zu schäumen und braun zu werden. Alsdann kann man ihn entweder gleich an die Soose thun, oder ein Trinkgläslein voll heißes Wasser daran schütten, daß er sich auflöst. Mit diesem läßt man ihn ein wenig sieden, und so kann man ihn etliche Tage aufbehalten.

Saure und süße Sachen zu dem Braten.

133. Spargel-Salat.

Die Spargel werden, wie schon gezeigt worden ist, gepuzt, und in gesalzenem Wasser, aber nicht zu weich gekocht. Dann nimmt man sie heraus, und legt sie auf das Geschirr, worauf man sie auftragen will, so das die Köpfe inwendig liegen. Wenn sie erkaltet sind, macht man in einem andern Geschirre Essig, Oehl, Pfeffer und Salz durcheinander; gießt es über die Spargeln her, schüttets wieder ab, und begießt sie nochmals. Dieses wiederholt man etlichemal, dann trägt man sie auf.

134. Spargel in Essig zu conserviren.

Es ist die Spargelzeit von gar nicht langer Dauer. Wer in solcher Zeit Spargel überflüssig hat, der verwahre sich mit einem beliebigen Vorrathe, und zwar also: Man schneidet das Harte von dem Spargel ab, dann wird er abgewaschen, in kochend Wasser gethan und nur einmal aufkochen lassen, dann abgegossen, daß er abtrocknet und abkühlet. Nun schüttet man ihn in ein Fäßlein oder großen Tigel, (große Zuckergläser sind hiezu am schicklichsten,) und gießet Essig nebst ein wenig Oehl darauf, und statt dessen Lacke,
(Salz-

Saure und süße Sachen zu dem Braten. 97

(Salzwasser) das es darüber schlägt, und macht das Gefäß wohl zu, setzt sie an einen kühlen Ort, verwahret und deckt sie mit Sand zu, so kann man sie haben, wenn die andern längstens vorbei sind. Man wässert sie gleichfalls ein wenig aus und kocht sie dann vollends gar, so kann man sie gar aus der Lacke in Soosen, oder wie man will, gebrauchen. Es ist recht was Schönes, junge Erbsen, Artischocken-Stühle und Spargel zu Winterzeit zu haben, die Sachen sind zwar alsdann nicht so gut, jedoch schöne Veränderungen, zumal wenn man auch Austern, Krebse und Muscheln dazu bekommen kann.

135. Kukummern-Salat.

Man schälet die Kukummern und schneidet sie recht fein, bestreuet sie mit Salz, schwingt sie durcheinander, und läßt sie eine kleine Stunde stehen. Dann drückt man sie aus, bestreut sie stark mit Pfeffer, gießt Essig und Oehl darüber, macht sie recht durch einander, und giebt sie zu Tisch. Man kann Boragenblätter und Schnittlauch, oder eine Zwiebel, oder auch einen dünne geschnittenen und vorher gesalzenen Rettig daran thun.

136. Gurken oder Kümmerlinge einzumachen.

Man bricht bey trockenem Wetter die mittelmäßigen Gurken, so noch keine Kerne haben, reibt die rauhen Buckeln und alle Unreinigkeit mit einem saubern Tuche ab, und läßt sie darauf etliche Tage auf einem reinen Tuche liegen, bis sie zu welken anfangen. Dann legt man reine Blätter von sauren Kirschen oder Weich-

7   seln

seln auf den Boden eines Fäßchens, oder irdene Geschirre, streut Salz und Pfeffer oder Dill darauf und macht die erste Lage von Gurken, bedeckt diese wieder mit Kirschenblättern, macht eine zweite Lage von Gurken, und sofort die dritte, bis das Geschirr voll ist. Endlich bedeckt man oben alle Lagen mit doppelten Blättern, gießt Weinessig darauf, daß er übergeht, beschwert es mit Steinen und läßt es etliche Tage stehen, bis man davon speiset. Kann man ausser den Kirschenblättern auch Lorbeerblätter haben, so werden die Gurken um so schmackhafter.

137. Hopfen=Salat.

Das untere Harte wird vom Hopfen abgeschnitten, man siedet ihn in gesalzenem Wasser weich, läßt ihn in einem Seiher ablaufen, und wenn er kalt ist, macht man ihn mit Essig, Oehl, Pfeffer und Salz durcheinander.

138. Roth=Rüben=Salat.

Man kocht die rothen Rüben im Wasser weich, läßt sie kalt werden, schälet sie ab und schneidet sie in Scheiben. Dann nimmt man einen steinernen Hafen, bestreuet ihn mit Salz, mit ein wenig Pfeffer und klein geschnittenem Meerettig (Krän), legt die geschnittenen rothen Rüben schichtweise darein, und auf jede Schicht wiederum Pfeffer, Salz, Meerettig und so fort, bis sie gar sind. Dann gießt man Essig darüber. So läßt man sie etliche Tage stehen und gebraucht sie alsdann zum Salat, und verziert andere Salate damit.

139. Zelleri=

Saure und süße Sachen zu dem Braten.

139. Zellerie-Salat.

Wenn der Zellerl geputzt, und zu Scheiben geschnitten worden ist, läßt man ihn in siedendem Wasser, aber ja nicht zu weich, kochen. Dann gießt man ihn ab, läßt ihn kalt werden, und macht ihn mit Salz, Pfeffer, Essig und Oehl an. Die grünen Zellerieblätter legt man in frisches Wasser, und schmücket den Salat damit aus.

140. Kraut-Salat.

Das Kraut wird recht fein geschnitten, eingesalzen, und fest auf einander gedrückt. Wenn es eine halbe Stunde gestanden hat, drückt man es fest aus, zopfet es wieder auseinander und macht es mit Essig, Oehl, Pfeffer und etwas Kümmel an.

Will man aber den Krautsalat warm, so wird er auch auf die nämliche Art gesalzen, und ausgedrückt. Dann wird Speck würflicht geschnitten, und in einem Pfännlein gelb gemacht, ein wenig von dem ausgedrückten Salat hinein gethan, damit daß es nicht so sehr spritzt. Wenn es ein wenig erkaltet ist, gießt man Essig, so viel nöthig, daran, läßts mit diesem siedend werden, und schüttet es über den Salat, macht ihn recht durcheinander, läßt ihn auf Kohlen ein wenig aufkochen, und giebt ihn so heiß auf den Tisch.

141. Schnecken-Salat.

Wenn die Schnecken im Wasser mit etwas Salz und Asche eine Viertelstunde, oder so lange, bis die Deckel von den Häuschen gehen, gesotten worden sind, werden sie geputzt, und auf eine Schaale ordentlich gelegt.

legt. Alsdann werden Schalotten oder andere Zwiebel recht fein geschnitten, ein Kranz davon um die Schnecken gemacht, kleine Stücklein Sardellen dazwischen und darauf gelegt, auch Citronen und Kappern darauf gestreut. Hernach zerkleppert man Essig, Oehl, Pfeffer und ein wenig Salz, gießt es über die Schnecken und trägts auf. Man kann auch zu den Schnecken sauber geglaubten und gewaschenen Brunnenkreß, Endivien, klein geschnittene rothe Rüben und Sardellen thun, und dieses miteinander mit Essig, Oehl, Pfeffer und Salz anmachen.

142. Bohnen-Salat.

Man nimmt kleine junge Bohnen, zieht sie ab, und schneidet sie der Länge nach recht fein, wäscht sie und läßt sie in ein wenig gesalzenem siedendem Wasser so lang kochen, bis sie weich sind; gießt sie in einem Seiher ab, und wenn sie erkaltet sind, macht man sie mit Salz, Pfeffer, Essig und Oehl an.

Bohnen einzumachen. Dazu muß man die türkischen Bohnen nehmen, welche noch jung, dünn und halb reif sind; dann an beiden Seiten die Haut dünn abschneiden, ganz fein und länglicht geschnitten, mit kochendem Wasser zum Feuer setzen, und nur meist halb gar kochen, dann auf ein Tischtuch von einander schütten, daß sie rein ablecken und abkühlen, oder auch nur klein schneiden und roh lassen, etwas Salz darunter mengen, und in ein Fäßchen oder Topf thun, einen Boden der in das Gefäß passet, darauf legen, etlich aber ein reines Tuch darüber decken, ein kleines Gewicht darauf setzen, daß sie ein wenig niederdrückt, und so verwahren. Wenn man sie

ge-

Saure und süße Sachen zu dem Braten. 101

brauchen will, so werden sie ein paarmal mit frischem Wasser ein wenig ausgewässert, und dann ferner wie die frischen Bohnen gekocht und gemacht.

143. Quitten-Schnitze.

Gewöhnlich werden sie auf folgende Art gemacht, um nöthigen Falls davon zu gebrauchen. Die Quitten werden geschält, in 4 oder 8 Theile geschnitten, je nachdem sie groß sind; dann läutert man Zucker mit ein Seidlein Wasser, wenn er genug gesotten hat, so thue zwei Pfund von den Schnitzen darein, und laß sie langsam sieden, bis sie eine schöne Farbe bekommen, dann nimm sie heraus, und bedecke sie mit ganzen Zimmet und Nägelein. Wenn sie kalt sind, so lege sie in ein Glas, streue Citronenschaalen dazwischen, die Brühe aber laß noch ein wenig kochen, bis sie dicklicht ist und gieße sie alsdann laulicht über die Schnitze, binde das Glas zu und stich Löcher darein. Das Gewürz kann auch weggelassen werden.

144. Gedämpfte Birnen.

Man nimmt gute Birnen, schälet sie ab, sticht den Butzen heraus, und steckt statt dessen ein ganzes Nägelein darein. Dann thut man sie, nebst einem Stücke Zucker und einem Stücklein ganzen Zimmet in einen Fußhafen, gießt 2 Theil Wein und 1 Theil Wasser dazu, und läßt die Birnen so lang kochen, bis sie weich sind. Nun nimmt man sie heraus, und wenn sie noch zu viel Brühe haben, läßt man diese noch ein wenig einkochen, gießt sie über die Birnen, und trägt sie kalt oder warm auf.

145. Gedämpfte

145. Gedämpfte Aepfel.

Am liebsten werden Porstorfer-Aepfel hiezu genommen. Wenn die Aepfel geschält sind, sticht man den Putzen sammt dem Kern heraus, legt sie in einen Fußhafen, thut Zucker, ein Stücklein Zimmet und Citronenschaalen dazu, gießt ein wenig Wein daran, und läßt die Aepfel so lange kochen, bis sie weich sind, und keine Brühe mehr haben. Dann richtet man sie an, bestreut sie mit klein geschnittenem Citronat, Citronenschaalen und Zucker, und giebt sie halb kalt, statt Salat auf den Tisch. Man kann die Porstorfer-Aepfel auch ungeschält aushöhlen, inwendig mit kleinen Weinbeeren ausfüllen, ein Stücklein Butter heiß werden lassen, und die Aepfel darein legen; wenn sie eine Weile darinnen gedämpft haben, ein klein wenig Wein daran gießen, Zucker, Zimmet und Citronenschaalen dazu thun, und wenn die Aepfel weich genug gedämpft sind, warm auf den Tisch geben.

146. Citronen-Salat.

Man schält von etlichen großen Citronen die gelbe Schaale ab; hernach schneidet man das Innere in dünne Scheiben, legt sie auf einen Teller und bestreut sie dick mit Zucker. Dann schneidet man die vom Weißen abgeschnittene gelbe Schaale in Fingers lange und so schmale Streifen, als nur zu schneiden möglich ist; läutert ein Stücklein Zucker, thut die Citronenschaalen hinein, und läßt sie eine Viertelstunde darinnen kochen. Dann nimmt man sie wieder heraus, legt sie auf den Citronenplätzen herum, und giebt sie zu gebratenem Geflügel auf den Tisch.

Eier-Milch-Mehl- und andere Nebenspeisen.

147. Ein Butting.

Man nehme 4 bis 5 Rundstücke, (weiß Brod,) nachdem der Butting groß seyn soll, solche werden in der Breite ein paarmal durchgeschniten, geröstet, in Würfel geschnitten, in ein Geschirr gethan und ein wenig Milch darüber gegossen, daß sich das Brod nur eben ansetzet. Dann wird ohngefähr ein halb Pfund Ochsen-Nierenfett, Ochsenmark ist noch besser, klein gehackt und dazu gethan; hat man aber beides nicht, so mache man anstatt dessen so viel geriebene Butter, daß sie wie ein Rahm wird, und thue solche dazu, auch Rosinen, Corinthen, eine gute Handvoll in Striemeln geschnittene Mandeln, eine halbe Handvoll rein gemachte Pistacien, klein geschnittene Sucade, gestoßene Cardomomen und Muskatenblumen, oder nur geriebene Muskat. Nimm zwey Löffelvoll feines Mehl, Salz, sechs oder acht klein geschlagene Eyer, rühre alles wohl durcheinander, und so es dem Bedünken nach, annoch zu dicke seyn sollte, so kann man noch ein paar Löffelvoll Milch oder Rahm dazu gießen und durchrühren. Nun wird eine Serviette

viette im heißen Wasser naß gemacht, in eine Schüssel gedeckt und das Angerührte hinein gethan, in einen Klumpen fest zusammen gebunden und bei einem Stücke Rindfleisch, oder so man solches nicht hat, allein in einem Kessel mit Wasser kochen lassen; wenn man ihn anrichten will, so thut man ihn heraus auf eine Schüssel, macht die Serviette los und rund herum ab, so weit als man kommen kann. Dann wird die Schüssel, darin er zu Tische soll, oben aufgedeckt und zusammen umgekehrt, und sodann die Serviette vollends abgezogen, eine Weinsaose mit Corinthen, oder eine Chocolade-Soose darüber gemacht und warm zur Tafel gegeben. Beim Anrichten kann man in der Mitte ein rundes Stück herausschneiden, und damit den Rand der Schüssel garnieren, das Loch aber voll Soose gießen.

148. Milch-Gellet.

Man nehme für ohngefähr 3 Groschen Hausenblase, solche wird wohl geklopft, klein geschnitten, mit ein wenig Wasser geweichet, mürbe gekocht, aber im Kochen auf dem Feuer stets gerührt und durch ein Sieb oder Haartuch gestrichen; dann nimmt man acht bis zehn Zitronen, reibt die Schaalen auf einem Pfund Zucker ab, und gießt eine Kanne süße Milch auf den Zucker und die Citronenschaalen, und läßt's ein wenig stehen, dann drückt man den Saft aus den Citronen, suchet die Kerne heraus, und gießet etwas Wein zu den Saft; jetzt die Milch mit dem Zucker zum Feuer, thut die Hausblase dazu und läßt es recht kochend heiß werden. Es wird immer auf dem Feuer gerühret

andere Nebenspeisen.

rühret und der Wein mit dem Citronensaft auch, so theilet es sich, dann wird es durch ein Sieb gegossen bis es klar und schön ist, und eingefüllt in was man will.

Oder: Nimm ein Quart Milch, von sechs Citronen die Schaalen und den Saft, drei Viertel Pfund Zucker, für zwei Groschen Hausenblasen und etwas Wein. Dieses wird eben so wie das Vorhergehende gemacht.

149. Schmarollen.

Zu einer oder zwei Portionen nimmt man ein Quart Milch, macht solche mit einer wälschen Nuß groß Butter in einem Pfännlein siedend, und rühret so viel Mehl darein, daß der Teig ganz fest ist. Dann läßt man ihn, unter beständigem Umrühren, so lang auf dem Feuer, bis er sich von der Pfanne ablöst. Nun thut man ihn in eine Schüssel heraus, salzet ihn so viel nöthig ist, und rühret nach und nach so viel Eyer daran, bis der Teig wie ein dicker Spatzenteig ist. NB. Diese Eyer müssen vorher eins nach dem andern, wie man sie braucht, in warmes Wasser gelegt werden. Dann macht man Wasser oder Fleischbrühe in einem Fußhafen siedend, legt die Schmarollen von beliebiger Größe darein, deckt sie zu, und läßt sie auf Kohlen kochen. Wenn sie recht in die Höhe kommen, läßt man sie noch eine halbe Viertelstunde kochen, und trägt sie dann gleich auf den Tisch.

150. Krebs = Auflauf.

Man weichet einiges weißes Brod, von dem man zuvor die Rinde abgeschnitten hat, in Milch ein. Indessen

macht

macht man von 18 kleinen Suppenkrebsen einen guten Vierling Krebsbutter, wie schon gezeigt worden ist; drücket das weiße Brod aus, salzet es, rühret zuerst den durch ein Tuch gebreßten Krebsbutter, dann 3 ganze Eyer und 5 Dottern daran, thut Muskatenblüthe dazu und füllet die Hälfte davon in ein mit Butter bestrichenes Blech; leget ein zuvor gekochtes und wieder kalt gewordenes Ragout von Kalbsbriesen, Morgeln und Krebsschwänzen darauf, und auf dieses die übrige Hälfte von den Abgerührten; dann bestreicht man es mit ein wenig zergangenen Butter, stellt es in einen Backofen und läßt es schön gelb backen.

151. Auflauf von Mehl und Eyern.

Nimm 2 Löffel schönes weißes Mehl, rühre es mit kalter Milch an, schlage 4 Eyer daran, und mache es mit siedender oder kalter Milch vollends so dünne, daß es läuft, und wie ein Flädleinsteig ist. Dann thue Zucker und kleine Weinbeer oder Kirschen dazu; oder wenn es nicht süß seyn soll, Salz und klein geschnittenen Schnittlauch. Rühre alles wohl durcheinander, bestreiche ein kupfernes Blech oder Bratpfanne dick mit Butter, gieße den Teig hinein, schneide kleine Schnittlein Butter dazu, und lasse es in einem Backofen backen.

152. Pfannenkuchen mit Spinat.
(Aumelette)

Aumelette ist ein ganz dünner Eyerpfannenkuchen. Man nimmt zu 4 Eyern einen Löffelvoll Mehl, rühret ihn mit ein wenig Milch an, schlägt nach und nach

die

andere Nebenspeisen.

die Eyer dazu, und salzet den Teig so viel nöthig ist. Dann läßt man Schmalz in einer flachen Backpfanne heiß werden, gießt so viel hinein, daß der Eyerkuchen nicht zu dick wird; sticht mit einem Messer hin und wieder darein, daß das Dünne, so noch oben ist, vollends hinunter läuft. Wenn er nun unten schön gelb ist, wendet man ihn um und läßt ihn auf der andern Seite auch ein wenig backen. Dann legt man ihn in eine Schüssel, richtet gekochten Spinat darauf an, bestreut diesen mit Semmelmehl, legt kleine Stücklein Butter darauf, und hält ine glühende Schaufel darüber; oder man backt 2 Pfannenkuchen, legt auf den einen Spinat, deckt den andern darüber, und giebt es auf den Tisch.

153. Gefüllte und farsirte Eyer.

Siede die Eyer hart, thue die Schaalen davon, schneide die Eyer nach der Länge in 2 Theile, thue das Gelbe heraus in eine Schüssel, nehme klein geschnittenen Peterling, dämpfe ihn in Butter, thue ihn an das Gelbe der Eyer, nebst ein wenig Muskatenblüthe, Salz und ein paar Eßlöffelvoll süßen Milch-Rahm, rühre alles glatt, schlage noch ein Ey daran, fülle die Eyer weiß, schmiere die Schüssel mit Butter, setze die Eyer darauf herum, nehme Milch oder Fleischbrühe, und wenn du es im Ofen machen willst, so kleppere ein Ey und gieß Milch daran, und stelle die Eyer in einer Tortenpfanne in den Ofen, daß sie schön backen.

154. Eyerkuchen auch Eyerpolster.

Zu einem Eyerkuchen für sechs Personen schneidet man für drey Kreuzer weißes Brod, so dünne wie Sup-

pen-

penschnitten; dieses brüht man mit einem Seiblein (halber Maaß) siedender Milch an, und deckt es so lange zu, bis man 12 Eyer mit Salz verkleppert hat. Diese rührt man an das angerührte Brod, thut eine Handvoll zart geschnittenen Schnittling, und wenn man etwas von dürrem Fleische hat, auch dasselbe klein geschnitten dazu; macht es ganz locker durcheinander, läßt Schmalz in einer eisernen Pfanne heiß werden, gießt den Teig darein, und läßt den Kuchen auf beiden Seiten auf Kohlen langsam ausbacken, wozu er eine Stunde braucht. Man giebt ihn gewöhnlich nebst Salat auf den Tisch. Man kann aber auch statt des Schnittlauchs, Zucker in diesen Kuchen thun.

155. Nieren=Schnitten.

Für zwei Kreuzer weißes Brod weichet man in Milch ein. Indessen hacket oder wieget man die Nieren von einem Kalb, nebst etwas Fleisch, recht klein; auch eine halbe Handvoll Peterling, eben so viel Schnittling, und eine mittlere Zwiebel hacket man zart. Dieses dämpft man in einem Stücklein zergangenem Butter, drückt das eingeweichte Brod fest aus, thut es dazu, und dämpfet es ein wenig mit; schlägt, ehe man es vom Feuer thut, ein Ey daran; rühret es ein wenig auf dem Feuer damit um, und thut es in eine Schüssel heraus; rühret nach und nach noch fünf Eyerdotter, nebst Salz und Muskatennuß daran, schlägt das Weiße von den Eyern zum Schnee, und rühret es auch dazu. Dann bestreicht man ein Tuch mit Butter, legt es in eine Schüssel, gießet den Teich darein, bindet das Tuch fest zu, und läßt ihn, wie einen Puding,

ding, eine gute Stunde in gesalzenem Wasser kochen. Dann nimmt man ihn heraus, schneidet fingersdicke Schnitten daraus, und macht eine Butter- oder Krebsbrühe, wie vorhin gezeigt worden ist, darüber. Man kann diesen Teig auch wie einen Eyerkuchen backen, nur daß die Nieren sammt dem Fleische vorher gebraten seyn muß; oder man kann kleine Küchlein in Schmalz davon herausbacken, und eine Butterbrühe darüber machen.

156. Mandel-Käße.

Man nehme ein Stück Hausenblase eine Handsgroß, schneide sie klein, und thue sie in Wasser, daß sie bedeckt ist, lasse sie eine Weile darin stehen, und auf dem Feuer ganz gelinde kochen, bis sie welch wird; dann wird sie gerühret, daß sie sich nicht ansetzet, warm durch ein Haartuch gestrichen, ohngefähr anderthalb Quart süße Milch zum Feuer gesetzet, und wenn solche anfängt zu kochen, vier gute Händevoll ganz fein gestoßene Mandeln, ein wenig Salz, Zucker und die durchgestrichene Hausenblase, alles in die Milch gethan und wieder kochen lassen, aber allzeit gerührt, die Mandeln setzen sich sonst gerne an, abgenommen und hingesetzet, daß es abkühlet oder vorschlägt; wenn es allzuheiß in die Form kommt, so will es nicht gerne ablassen. Es wird dann, wenn es noch laulicht ist, in eine Form gegossen und hingesetzt, daß es kalt und hart wird. Wenn man es aus der Form machet und es sodann nicht ablassen will, schlage man ein nasses Tuch über die Form, so löset es sich; dann wird es mit einer Eyermilch, Rahm oder Wein mit Zucker süß gemacht, und zur Tafel gegeben.

157. Ein

Eyer, Milch, Mehl- und

157. Ein gutes Kirchweih-Mus.

Nimm ein halb Pfund geriebene Mandeln, ei[n] halb Pfund geknirschtes Reis, 4 Eyer und 5 Maaß Milch[.] Laß alles wohl kochen und wenn es schier eingekocht ist, [so] thue Zucker und Rosenwasser daran, laß es noch ei[n] wenig kochen, richts in Schüsseln an, und laß es ver[-]kalten.

158. Dampfnudeln.

Hiezu nimmt man zu einem Pfund Mehl, eine[n] Vierling Butter, stellt ihn in die Wärme, nicht, daß er verläuft, sondern daß er nur besto besser zu rühren ist[.] Dann wird er mit zwey Eyern abgerührt, und zu dem Mehl, nebst zwey Löffelvoll Bierhefen, ein wenig Sal[z] und zwey Löffelvoll Zucker gethan. Dieß alles wir[d] mit lauter Milch angemacht, daß der Teig wie ein di[c]ker Spatzenteig ist. Dann muß er eine Viertelstund[e] geklopft werden, bis er sich recht vom Löffel abschäl[t.] Hernach wird er in die Wärme gestellt, daß er geht[.] Wenn er nun halb gegangen ist, sticht man mit einem Löffel die Nudeln eines Hühnereyes groß auf ein Nu[-]delbrett, das mit Mehl bestreut ist, heraus, und läß[t] sie noch einmal gehen. Alsdann bestreicht man ein[.] Becken oder Dampfnudelklarr dick mit Butter, streue[t] auf den Boden desselben gestoßenen Zucker, gießt et[-]was siedende Milch darein, und setzt die Nudeln, wen[n] sie gegangen sind, so hinein, daß die Milch ja nich[t] darüber geht; stellt das Geschirr auf nicht gar zu stark[e] Kohlen, deckt es zu, und legt auf den Deckel auch Koh[-]len, damit sie die Nudeln schön aufziehn. Ist dieses

ge-

andere Nebenspeisen.

geschehen, so bestreicht man sie mit Butter, bestreut
sie mit Zucker, und läßt sie vollends schön gelb werden.
Hierauf gießt man noch ein klein wenig Milch neben
herum, daß sich die Nudeln schön ablösen, nimmt sie
mit einem Schäufelein heraus, und giebt sie nebst
Milch, worinnen Zucker und ein Stücklein ganzer Zimmet gesotten worden ist, auf den Tisch. Auf die nämliche Art werden sie gesalzen gemacht, nur daß man den
Zucker wegläßt. Dieses reicht für ungefähr zu 3 bis
4 Personen.

159. Krebsnudeln.

Zu diesen wird der Teig, wie beschrieben worden
ist, gemacht. Dann nimmt man 12 mittlere, oder 25
kleine Suppenkrepse, siedet sie in gesalzenem Wasser,
bricht sie aus und stößt die Schaalen mit einem Stücklein Butter, und 10 bis 15 abgezogenen Mandeln
recht fein; läßt einen guten Vierling Butter zergehen
und röstet die Schaalen so lang darinnen, bis sie recht
schön roth sind. Dann preßt man den Butter durch
ein Tuch, gießet siedende Milch an die Schaalen, läßt
sie darinnen eine Viertelstunde kochen, und seihet sie
auch durch das Tuch. Wenn der Teig genug gegangen ist, und die Nudeln ausgewirkt sind, bestreicht man
das Geschirr, worinnen sie gebacken werden sollen, dick
mit Krebsbutter, streuet Zucker auf den Boden des Ge-
schirrs, gießt von der Krebsmilch darein, läßt sie auf
Kohlen siedend werden, und legt dann die Nudeln so
darein, daß die Milch ja nicht darüber geht. Sind sie
nun zwischen unten und oben gelegten Kohlen schön
gebacken; so sticht man sie auf eine Schüssel heraus,
und

und bereitet die Milch auf folgende Art dazu: M[an]
nimmt den übrigen Krebsbutter, läßt ihn zergehen, rü[h]ret ein paar Kaffeelöffelvoll Mehl darein, gießt nach u[nd]
nach die Krebsmilch dazu, thut Zucker und ein Stückle[in]
ganzen Zimmet darein, läßt sie unter beständigem Un[m]rühren aufkochen, und giebt sie in einem besondern G[e]schirre zu den Nudeln auf den Tisch. Die Krebsschwän[ze]
können entweder beim Auswirken in die Nudeln geleg[t]
oder beim Einlegen in das Dampfnudelklarr zuerst u[n]ten hinein gethan, oder in der Milch mit aufgesotte[n]
und beim Anrichten auf den Nudeln herumgelegt werde[n.]
Wenn man sie nicht süß will, kann man statt des Zu[ckers ein wenig mehr Salz nehmen.

160. Gefülltes Milch=Brod.

Man nimmt, wenn es für vier Personen is[t]
acht halb so große Milch- und Herren-Brode, wie s[ie]
gewöhnlich gebacken werden; reibt die äußere Rinde ei[n]
wenig ab, schneidet den Deckel davon, und hebet d[ie]
Brodsamen heraus. Dann wiegt oder hacket man vie[r]
Loth abgezogene Mandeln recht fein, thut gestoßene[n]
Zimmet, klein geschnittene Citronenschaalen, Zucker, ei[n]
wenig von der abgeriebenen Rinde, und, wenn ma[n]
will, kleine Weinbeere dazu, feuchtet es mit Wein,
aber ja nicht zu naß an, füllt die ausgehöhlten Brod[e]
damit aus, bindet den Deckel mit einem Faden über[s]
Kreuz darauf, und backt die gefüllten Brode aus hei[ß]
gemachtem Schmalz schnell heraus. Dann macht man
eine Hagenputzen- (Hiefen-) Soose dazu; legt die ge[backenen Brode darein, läßt sie nur einen Wall dari[n]

auf-

aufkochen, und trägt sie auf. Eben so kann man auch statt dieser Fülle folgende machen: Man dämpft Weichseln in Wein und Zucker, nimmt die Steine davon heraus, mischt in Schmalz gelb geröstetes Semmelmehl, klein geschnittene Citronenschaalen, Zucker und Zimmet darunter; füllet die ausgehöhlten Brode damit aus, bäckt sie wie die vorigen, und kocht sie in einer Weichselsoose auf.

161. Krebs=Mus mit Mandeln.

Man nimmt 15 kleine Suppenkrebse, machet, wie schon öfters gezeigt worden ist, einen Vierling Krebsbutter davon, und presset ihn durch ein Tuch, bis er kalt wird. Nun ziehet man einen Vierling Mandeln ab, und stößt sie mit den Krebsschwänzen ganz klein; rühret den erkalteten Krebsbutter mit 5 bis 6 Eyerdottern und den gestoßenen Mandeln recht stark durcheinander; schlägt das Weiße von den Eyern zum Schnee, und rühret es nebst ein klein wenig Salz und Zucker nach Belieben daran; gießt den Teig in ein flaches Becken oder Kasserol, und läßt ihn im Backofen oder zwischen unten und oben gelegten Kohlen aufziehen. Man kann den Zucker auch weglassen, und besto mehr Salz dazu nehmen.

162. Erdbirn=Mus.

Man siedet ohngefähr 5 bis 6 große Erdbirn, schälet sie ab, und reibet sie auf einem Reibeisen. Dann rühret man 4 Loth Butter mit 5 Eyern wohl ab, thut die Erdbirn dazu, und rühret es nochmals.

Hernach macht man zwey Rührlöffelvoll Mehl mit Milch an, rühret es zu den Erdbirn, und gießt noch so viel Milch nach, daß der Teig wie ein dicker Flädleinsteig ist; thut Salz und wenn man will Zucker, Zimmet und Citronen daran; bestreicht ein Blech mit einem Rand mit Butter, gießt den Teig darein, und läßt ihn in Backofen oder zwischen unten und oben gelegten Kohlen backen.

163. Wein-Mus.

Man reibet schwarzes oder weißes Brod, so viel als man zu brauchen glaubt, auf einem Reibeisen ab, wiewohl das schwarze Brod allemal kräftiger ist. Dann macht man Schmalz heiß, röstet das geriebene Brod, wenn es sechs Löffelvoll sind, mit einem Löffelvoll Mehl schön gelb; rühret es mit zwey Theile Wein und ein Theil Wasser, welches aber vorher siedend gemacht werden muß, so an, daß es nicht zu dünne wird; thut Zucker, an einem Reibeisen abgeriebene Citrone und Zimmet nach Belieben dazu; läßt es eine gute Viertelstunde oder wenn es viel Mus ist, noch länger kochen, und richtet es an. Man kann auch Bier-Mus auf eben diese Art kochen; nur muß man statt des Wassers und Weins weißes Bier nehmen. Es kann auch nur die Hälfte von Brod geröstet, und die andere Hälfte ungeröstet genommen werden.

164. Citronen-Mus.

Man nimmt ein Seiblein (halbe Maaß) gute Milch, thut die abgeschnittene Schaale von einer Citronen darein, und läßt beydes auf dem Feuer so lange kochen, bis die Milch die Kraft von den Citronenschaalen angenommen hat und ein wenig eingesotten ist. Alsdann rühret man einen Löffelvoll Stärkmehl mit Rosenwasser an, schlägt nach und nach 6 Eyerdotter dazu, und rühret dieses alles mit der Milch vollends an; zuckert es nach Belieben, und läßt es wie ein anderes Mus unter beständigem Umrühren kochen. Wenn es fertig ist, nimmt man die Citronenschaalen davon heraus, richtet es in einer Schüssel an, und giebt es kalt oder warm auf den Tisch.

165. Aepfel-Mus.

Schäle und schneide die Aepfel zu ganz kleinen Stücklein. Dann lasse ein wenig Schmalz heiß werden, thue die Aepfel darein, und lasse sie dämpfen. Wenn sie weich sind, röste einen Löffelvoll Mehl in zergangenem Butter, thue ihn nebst Zucker, Zimmt, kleinen Weinbeeren und ein wenig Wein zu den Aepfeln; rühre alles recht durcheinander, und lasse es noch eine Viertelstunde kochen.

166. Lungen-Mus.

Siede eine Kalbslunge in ein wenig gesalzenem Wasser, aber nicht ganz aus. Schneide sie in Stücklein, und wiege oder hacke sie klein. Dann laß zu einer ganzen Lunge ein Stück Butter eines kleinen Hühnereyes groß zergehen; dämpfe ein wenig fein geschnittenen Peterling und Schalottenzwiebeln darinnen; thue zwey Löffelvoll Mehl dazu, und rühre es so lange

lange, bis der Butter stark schäumt. Dann thue die Lunge dazu, wende sie etlichemal damit um, und gieß so viel Fleischbrühe daran, als nöthig ist, daß das Mus nicht zu dünn wird; thue klein geschnittene Citronenschaalen und Saft, Salz, ein wenig Muskatennuß, und wenn du willst, Essig dazu; lasse es eine Viertelstunde kochen und richte es an. Man kann auch ein paar abgesottene Kalbsbriese unter die Lunge wiegen, auch Semmelmehl, statt des rechten Mehls, darunter rösten.

167. Raffiolen.

Man hackt Spinat, Peterling und Schnittling, oder statt des Schnittlauchs nimmt man grüne Zwiebeln. Dieß alles wird mit einander in Butter gedämpft, mit Eyern, Salz, Semmelmehl oder mit eingeweichtem und wieder ausgedrücktem weißen Brod, und ein wenig Muskatennuß angerührt, und zum Gefüll gebracht. Oder statt dessen kann man ein gebratenes Kalbsnieren, nebst ein wenig Fleisch vom Braten nehmen, klein hacken oder wiegen, mit ein wenig fein gewiegtem Peterlingkraut, Salz, etlichen Händen voll Semmelmehl, Muskatennuß und Eyerdottern oder ganzen Eyern, anrühren; dann einen festen Teig, wie zu Nudeln, von Mehl, ein wenig Salz, einem ganzen Ey, und einem oder zwei Dottern, auch wenn man will, Wasser, worin ein Stücklein Butter einer wälschen Nuß groß, zergangen ist, anmachen; ihn so fest wie Nudeln wirken, so dünn als möglich auswärgeln, dann nach Belieben Stücklein schneiden, einen Löffel voll

andere Nebenspeisen.

voll von dem Gehackten darauf legen; den Teig darüber schlagen oder aufwickeln, und dann in guter siedender Fleischbrühe mit einem Stücklein Butter eine Viertelstunde aufkochen und so anrichten.

168. Speckknöpflein.

Man weichet für zwei Kreuzer weißes Brod in Milch oder Wasser ein. Unterdessen wiegt oder hackt man einen guten halben Vierling Speck, mit etlichen Schalottenzwiebeln und einer halben Handvoll Peterlingkraut, recht fein; drückt das eingeweichte weiße Brod fest aus, dämpft es in einem eines halben Hühnereyes großem Stücke zergangenem Butter ein wenig; rührt zuerst den mit dem Grünen gehackten Speck, nebst Salz so viel nöthig ist, dann noch vier bis fünf Eyer an das Gedämpfte, und legt Knöpflein von beliebiger Größe in gesalzenes Wasser oder Fleischbrühe. Wenn sie gesotten oder angerichtet sind, schmelzt man sie mit gelb geröstetem Semmelmehl, und giebt sie auf den Tisch.

169. Gestutzte Nudeln.

Es wird ein Nudelteig gemacht von Mehl, Eyerdottern, Salz und süßem oder saurem Rahm; man wärgelt ihn nicht gar zu dünne aus, schneidet Fingers breite Stücklein, wie grobe Nudeln daraus, und setzet Milch auf das Feuer. Wenn diese siedet, thut man die Nudeln darein, und läßt sie langsam, bis auf wenige Brühe einkochen; dann thut man ein Stück Butter daran, wendet sie mit einem Schäufelein um, und

wenn

wenn sie auf beyden Seiten gelb sind, gießt man noch ein wenig süßen Rahm dazu, läßt sie mit diesem noch einmal aufkochen, und richtet sie an. Man kann sie auch von Krebsbutter und Milch machen.

170. Gefüllte Flädlein.

Für vier Personen nimmt man ohngefähr vier Löffelvoll Mehl, rühret dieses mit Milch, ein wenig Salz, und vier bis fünf Eyern an, bis der Teig so dünne ist, daß er recht läuft. Dann macht man Schmalz in einer Flädlein- oder Backpfanne heiß, schüttet alles wieder heraus, daß die Pfanne nur noch fett bleibt, gießt einen halben Schöpflöffelvoll Teig hinein, läßt ihn überall herum laufen, daß das Flädlein nur Messerrückendick wird. Hernach läßt man mit einem Löffel neben herum ein wenig Schmalz in die Pfanne laufen. Wenn es auf der einen Seite gebacken ist, wird es umgekehrt, auf der andern Seite auch gebacken, auf einen Deckel gelegt, und so fortgefahren, bis der Teig gar ist. Dann wird das Gefüll auf folgende Art gemacht: Man weicht für einen Kreuzer weißes Brod in Milch ein, indessen wiegt oder hackt man ein Stück von ohngefähr einem halben Pfund gebratenem oder frischem Kalbfleisch oder Kalbsnieren. Dieses läßt man stehen, bis man auch eine kleine Handvoll sauber geklaubten und gewaschenen Peterling und Schnittling, mit 10 bis 15 Schallottenzwiebeln, recht fein gehackt und gewiegt hat, dann läßt man ein Stück Butter, eines kleinen Hühnereyes groß, heiß werden, druckt das eingeweichte weiße Brod fest aus, dämpft es sammt den gewiegten

terling, Schnittling und Zwiebeln in dem Butter, rühret dieses nebst dem Fleisch, Salz, Muskatennuß oder Blüthe und etlichen Eyern an, bestreicht ein jedes Flädlein eines guten Messerrücken dick, schlägt es 3 Fingerbreit übereinander, legt es in eine Zinnschüssel oder in ein anderes Geschirr, worinnen man es aufkochen will; gießt siedende Fleischbrühe darüber, und läßt sie mit einem Stück Butter eine Viertelstunde kochen; dann giebt man sie auf den Tisch. Diese Flädlein können auch mit Breet, das wie zu Knöpflein, aber nur ein wenig dünner angerührt werden muß, auf die nämliche Art gefüllt werden.

Torten und Backwerk.

171. Von Präparirung und Einrichtung der Formen, wenn man Torten oder Kuchen darin ausbacken will.

Alle Formen, die man zum Backen gebrauchet, sie mögen von Blech, Kupfer oder Messing seyn, oder auch eine Modelle, welche es wolle, muß man immer rein und trocken halten und vor dem Rost wohl bewahren, und wenn man eine gebrauchen will, so muß man sie mit geschmolzenem Butter wohl bestreichen, so lange bis sich der Butter ein wenig dick an die Form gesetzt hat, dann gleich mit fein geriebenem Brode oder gestoßenem Zwieback wohl bestreuen, so viel als an dem Butter kleben oder sitzen bleiben will; jetzt kann man hinein thun und backen was man will, es geht alles gut heraus.

172. Von blechernen Rändern oder Reifen, und wie damit umzugehen ist.

Die blechernen Ränder oder Reifen sind sowohl zu Mandeltorten, Bisquitttorten, und auch zu andern Sachen, zum Ausbacken sehr bequem und nützlich zu gebrauchen, und wer sich denn dergleichen bedienen will, der lasse sich eines verfertigen, ohngefähr 3 bis 4 Finger hoch und von einer ziemlichen Weite, aber die bey-

den

den Enden müssen nicht zusammen gelöthet werden, sondern offen bleiben, so kann man sie so weit oder enge machen, als es einem beliebet. Man macht den Reif so enge zusammen, als man es nach Proportion der Sachen und Schüsseln gut achtet. Dann nimmt man nur ein wenig weichen Wasserteig, bestreichet ihn mit Eyern und drückt ihn dann zwischen die Form, daß er fest hält. Dann wird ein Bindfaden herum gebunden, die Form auf einen Bogen Papier gesetzt, beydes mit Eyern bestrichen, ein wenig Wasserteig wie ein Kringel ausgerollet, und die Form damit aufs Papier befestiget, und dann gleichfalls mit geschmolzenem Butter und geriebenem Brod, wie bey Nro. 171., eingerichtet.

172. Vom Glaßiren.

Man stoße ein Viertelpfund feinen Zucker mit einem Eyerweiß und ein wenig Rosen- oder Orangenwasser, bis es ein dicker Syrop wird, so kann man damit glaßiren, was man will. Wenn man etwas damit glaßiren will, es sey eine Torte, oder sonst etwas Gebackenes, welches sich zum Glaßiren schicket, so läßt man solches, wenn es gebacken ist, erstlich ein wenig abkühlen, dann mit der angeschlagenen Glassur überstreichen und bey dem Feuer oder im verschlagenen Backofen, oder in einer Tortenpfanne etwas abtrocknen. Will man aber etwas ganz weiß überziehen, und insonderheit etwas, was einen hohen Rand hat, als eine Mandeltorte, Bisquitttorte, französische Torte und dergleichen, so schlägt man 2 oder 3 Eyerweiße klein, daß sie schäumen, nimmt gestoßenen und

durch-

durchgesichteten feinen Zucker, rührt eine Handvoll nach und nach dazu, und immer nach einer Seite, so daß es eine recht dicke Masse wird, daß, wenn man davon an den Rand der Torte streichet, solche sitzen bleibet und nicht abläuft. Man kann überall damit glasiren und überziehen, und es gleichfalls nur antrocknen lassen, und ist es im Erstenmal nicht dick genug darauf gekommen, so überzieht man es alsdann noch einmal; dann wird es recht weiß und schön.

174. Mandel - Torte.

Man stößt oder reibet ein halb Pfund abgezogene und abgetrocknete Mandeln mit einem Ey oder mit ein wenig Rosenwasser, recht fein. Alsdann werden die Mandeln mit ein halb Pfund Zucker in eine Schüssel gethan, mit 7 ganzen Eyern und 3 Dottern eine starke halbe Stunde nach einer Seite gerührt; dann die auf einem Reibeisen abgeriebene Schaale von einer Citrone, nebst 3 kleinen Händenvoll Semmelmehl dazu gethan; dieses langsam darein gerührt, in einen mit Butter bestrichenen und mit Semmelmehl bestreuten Model gefüllt, und gleich in den Backofen gestellt. Wems beliebt, kann vor dem Einfüllen 2 Loth Citronat und 2 Loth Pomeranzenschaalen, klein geschnitten, in den Teig thun.

Man kann auch ein Blech mit einem Rande mit dünnem Butterteig auslegen, den Boden mit eingemachten Hohlbeeren oder etwas andern Eingemachtem bestreichen, den nämlichen Mandel-Tortenteig darauf gießen, und wenn die Torte gebacken ist, mit gestoßenem weißen Zuckerkandl, Anis und klein würflicht geschnittenen

nen Citronat bestreuen, dann heißt sie Gußtorte. Oder man legt einen Deckel von Butterteig darüber, bestreicht ihn mit einem Ey, legt kleine Bröcklein von Zuckerkandi darauf, streuet Anis darüber, und wenn die Torte so gebacken ist, heißt sie süßer Speckzelten.

Es kann auch noch ein Mandel=Tortenteig auf folgende Art gemacht werden. Zu einem Pfund geschälten, mit einem Tuche abgetrockneten und gestoßenen Mandeln, nimmt man drei Vierling gesiebten Zucker, und rührt ihn mit fünfzehn Eyerdottern eine Viertel= auch eine halbe Stunde recht stark. Dann thut man die Schaale von einer Citrone, so klein als möglich geschnitten, daran, schlägt das Weiße von den Eyern zum dicken Schnee, rührt wenn der Teig dick ist, alles hinein, wo nicht, so läßt man etwas übrig. Hernach füllet man die Torte in den Model und läßt sie backen. In einer guten Stunde kann sie fertig seyn.

Bey allen gerührten Torten dieser Art ist zu beobachten: 1. Daß es in Jedermanns Belieben steht, den Tortenteig mit einem Kochlöffel zu rühren, oder mit einem reinen weißen Handbesen zu schlagen. 2. Daß der Zucker allemal, er mag gestoßen oder gerieben seyn, durch ein Haarsieb oder durch einen engen Seiher gesiebt werden muß, denn der Teig ist viel besser zu rühren, und wird eher dick. 3. Daß man beim Aufschlagen der Eyer mit einem kleinen Löffelein die Vögel davon wegthut, denn diese machen sonst den Tortenteig schwer, und die Torte gehet nicht schön auf. 4. Daß man beym Einfüllen den Model nicht ganz voll macht, sonst läuft er beym Backen über. 5. Daß

man

man alle Torten in einen nicht gar zu heißen Ofen stellt, sonst werden sie früher von außen braun, als sie von innen ausgebacken sind. 6. Daß alle gerührte Torten nach dem Einfüllen gleich in den Ofen gestellt werden müssen, sonst gehen sie nicht schön auf. 7. Je feiner der Zucker ist, desto schöner werden die Torten.

157. Schwarzbrot-Torte.

Man nehme 8 Eyer und 20 Dotter, und schlage solche mit einer steifen Ruthe, bis sie ganz dick wie ein Brey werden; dann wird ein halb Pfund fein geriebener oder gestoßener Zucker, eine halbe Tafel geriebenet Chocolade, ein viertel Pfund klein gestoßene Mandeln, Nägelein, Zimmet, Cardamomen und Muskat nach Belieben, alles zusammen durch einander gerühret und zuletzt auch 4 Loth geriebenes schwarzes Rockenbrod dazu gethan, eine Form oder Reif wie Nro. 168. eingerichtet, und darin der Teig mit guter Aufsicht gebacken.

176. Erdbirn-Torte.

Die Erdbirn (Kartoffeln) werden gesotten, aber man muß Achtung geben, daß sie nicht aufspringen. Dann werden sie in einen Seiher gegossen, wenn sie recht abgelaufen sind, geschält, und auf einem Reibeisen gerieben. Nun nimmt man zu ein halb Pfund geriebenen Erdbirnen ein halb Pfund Zucker, schlägt 8 Eyer in eine Schüssel, und zerkleppert die Eyer recht stark. Hernach schüt man zuerst den Zucker, und dann die Erdbirn darein, rühret mit einander eine halbe

Stunde

Stunde lang auf einer Seite recht stark, und bestreuet ihn mit Semmelmehl. Ehe man den Teig in den Model einfüllt, thut man von einer auf dem Reibeisen abgeriebenen Citrone dazu. Das Mark derselben kann man gewürfelt schneiden, und auch vor dem Einfüllen darein thun. Sobald die Torte eingefüllt ist, stellt man sie in den Ofen und und läßt sie gelb backen.

177. Citronen-Torte.

Zu dieser macht man von einem halben Pfund Butter, und eben so viel Mehl einen mürben oder geblätterten Butterteig. Bis dieser ausgeruhet ist, wieget oder hackt man ein halb Pfund abgezogene Mandeln, so fein als möglich, und mischt eben so viel geriebenen oder gestoßenen Zucker darunter. Dann reibt man von einer Citrone die gelbe Schaale auf einem Reibeisen ab, thut diese, nebst dem Saft von einer Citrone dazu, und macht alles recht durch einander. Dann wird der Butterteig nur guten Messerrücken dick ausgewärgelt, und wenn der Boden, nach einer Schüssel so groß als man ihn braucht, geschnitten worden ist, wird neben herum ein schmaler Streifen gelegt, die mit Mandeln vermischten Citronen werden guten Fingers dick auf den Boden gethan, und ein Gitter von Fingers breiten Streifen von Teig darauf gelegt. Neben herum wo das Gitter sich endigt, legt man auch einen solchen Streifen, bestreicht die Torte mit zerklepperten Ey, und läßt sie backen. In einer kleinen Stunde kann sie fertig seyn. Sobald die Torte aus dem Ofen kommt, drucket man den Saft von den übri-

übrigen 5 Citronen in ein kleines Geschirr, vermischt ihn mit einem Löffelvoll Weinessig, und gießt in jedes Gitter einen Eßlöffelvoll davon. Will man die Torte recht schön haben, so rühret man ein Eyerklar mit 7 Loth vom weißesten fein gesiebten Zucker eine Viertelstunde lang, drücket etliche Tropfen Citronensaft dazu, und rühret es noch eine Weile, bis es recht dick ist, und nicht mehr läuft. Alsdann bestreicht man das von Butterteig gemachte Gitter, und den darum gelegten Streifen damit, legt auf jedes Kreuz des Gitters etwas Rothes, entweder ein feines Zeltlein, oder ein wenig von eingemachten Hohlbeeren, läßt die Torte in einer gelinden Hitze trocknen, und giebt sie auf den Tisch.

178. Aepfel-Torte.

Hiezu macht man, wenn die Torte für 6 bis 8 Personen seyn soll, von einem halben Pfund Butter, und eben so viel Mehl, einen geblätterten Butterteig, wie bei den Pasteten gezeigt worden ist. Diesen Teig läßt man ruhen, und schälet indessen 8 große Backäpfel (vier Brätlinge), schneidet sie so dünne als möglich, thut sie, mit so viel Zucker als nöthig ist, um die Aepfel süß genug zu machen, in einen Fußhafen, gießt ein Gläslein Wein daran, und läßt die Aepfel dämpfen. Man muß sie aber öfters umrühren, denn sie brennen gerne an. Wenn sie weich und verrührt sind, stellt man sie vom Feuer. Bis sie kalt werden, wieget man 6 bis 8 Loth Citronat und eben so viel Pomeranzenschaalen recht fein; zieht einen Vierling Mandeln

Torten und Backwerk.

deln ab, wiegt sie auch, doch nur ganz gröblicht, und macht 3 Theile daraus. Nun theilt man auch den Teig in 2 Theile, einen um ein klein wenig größer als den andern, wärgelt den größern davon zum Boden Messerrücken dick aus, legt ihn auf ein mit Butter bestrichenes und mit Semmelmehl bestreutes Blech, und bestreut ihn mit einem Theil von den geriegten Mandeln. Den Citronat und die Pomeranzenschaalen rühret man unter die kalt gewordenen Aepfel, und streicht sie Fingersdick darauf herum. Dann wird die andere Hälfte von den Mandeln auf die Aepfel gestreut, der übrige Teig vollends ausgewärgelt, und so darauf gelegt, daß der Boden ringsum eines Fingers breit hervorsteht. In den äußersten Rand des hervorstehenden Teiges machet man mit einem Messer kleine Schnitzlein, bestreicht die Torte mit zerkleppertem Ey, schlägt das hervorstehende untere Theil über den Deckel hinauf, sticht mit einem Messer kleine Löcher in den Deckel, streuet das noch übrige dritte Theil von den Mandeln darauf herum, und läßt die Torte im Backofen schön gelb backen. Wenn sie kalt ist, streut man recht fein gestoßenen Zucker darauf. Diese Torte schmeckt, als wenn sie von lauter Citronat und Pomeranzenschaalen gemacht wäre.

Man kann, wem dieß zu kostbar ist, auch nur unter die gedämpften Aepfel kleine Weinbeere, klein geschnittene Citronenschaalen, und ein wenig gestoßenen Zimmet thun, und den Butterteig auf die nämliche Art dazu auswärgeln. NB. Es ist bey allen Torten von Butterteig dieß besonders zu merken, daß man den Teig zum Boden ja nicht zu dick macht; den er
wird

wird sonst speckicht. Will man gerne viel Teig dabey haben, so kann man neben herum auf den Boden einen 2 Finger breiten Streifen legen; die Aepfel in die Mitte füllen, und dann erst den Deckel darauf machen.

179. Kirschen= oder Weichsel=Kuchen.

Man weichet 2 weiße Kreuzerbrode, denen man zuvor die Rinde abgeschnitten hat, in Milch ein. Dann wird ein Vierling Butter, eben so viel abgezogene und zart gestoßene Mandeln, nebst ein Vierling Zucker, mit 5 Eyern wohl gerührt. Nun drücket man das eingeweichte weiße Brod fest aus, und thut es nebst klein geschnittenen Citronenschaalen dazu. Wenn alles recht durcheinander gemacht ist, wird zuletzt ein recht wohlgewogenes Pfund Kirschen abgezopft, darein gerührt, und gleich in eine mit Butter bestrichene Schnecken=Form oder Becken gefüllt und gebacken.

180. Zwetschgen=Kuchen.

Hiezu nimmt man entweder einen mürben Butterteig, oder man macht einen Hefenteig auf folgende Art: Man thut Mehl, so viel man braucht in eine Schüssel, salzet es, läßt zu ohngefähr einem wohlgewogenen Pfund Mehl einen Vierling Butter zergehen, aber ja nicht heiß werden. Dann zerkleppert man 2 Eyer, rühret den Butter dazu, und gießt ein wenig laulicht gemachte Milch daran. Mit diesem und noch mehr anderer Milch, auch 1 bis 2 Löffelvoll guter Bier-

hefen,

hefen, rührt man den Teig, aber ja nicht zu dünne, an; klopft ihn, bis er sich vom Löffel schält, stellt ihn in die Wärme, und läßt ihn gehen. Wenn er gegangen ist, wirkt man ihn ein, macht Laiblein daraus, und wärgelt sie kleinen halben Fingers dick aus, legt sie auf ein mit Butter bestrichenes Blech, oder auf ein sauberes mit Mehl bestreutes Schreibpapier, und beleget sie mit den in der Mitte zerschnittenen frischen Zwetschgen so, daß sie mit der Haut auf den Teig zu liegen kommen. Diese bestreut man mit abgezogenen und zart gewiegten Mandeln, Zucker und Zimmet. Wems beliebt, der gießt auch ein wenig zergangenen Butter darauf herum. Nun läßt man den Kuchen schön rösch backen. Wenn er aus dem Ofen kommt, kann man ihn, zumal wenn die Zwetschgen an sich gar nicht süß sind, noch einmal mit Zucker bestreuen. Man kann auch die Zwetschgen abschälen, und dieses geschieht auf die leichteste Art, wenn man sie in eine Schüssel legt, und siedendes Wasser darauf gießt, denn alsdann läßt sich die Haut leicht abschälen. Wenn dieß geschehen ist, schneidet man sie erst von einander, und nimmt den Stein heraus.

181. Zwiebel=Kuchen.

Man macht von Hefenteig wie Nro. 180. beschrieben ist, einen Kuchen von beliebiger Größe und Dicke, und legt ihn auf ein mit Butter bestrichenes Blech. Wenn er genug gegangen ist, schneidet man Zwiebeln der Länge nach so dünn als möglich. Diese

9 wer=

werden in einem guten Stück Butter gedämpft, dann in eine Schüssel herausgethan, und je nachdem es viel oder wenig Zwiebeln sind, 4 bis 6 Eyer daran geschlagen, gesalzen, nach Gutbünken sauerer oder süßer Rahm und eine Haubvoll Semmelmehl daran gerühret, mit einem Löffel auf dem Kuchen herum gethan, mit würflicht geschnittenen Speck belegt, Kümmel darauf gestreut und gebacken. Man kann auch die Zwiebeln gewürfelt schneiden, und den Speck gleich mit unter die Eyer rühren. Im Sommer können grüne Zwiebeln dazu genommen werden. An Fasttagen wird der Speck weggelassen.

Immennest.

Zu diesem kann man den nämlichen Teig, der wie Nro. 180. beschrieben worden ist, machen; ihn zu Laiblein wirken, auf dem Nudelbrette Messerrücken dicke Plätze daraus wärgeln; dann 3 Finger breite und ¼ Elle lange Streifen daraus schneiden. Wenn diese mit zergangenem Butter bestrichen sind, bestreuet man sie mit recht dünne geschnittenen Mandeln, sauber gewaschenen Zwiebeln, kleinen Weinbeeren, Zucker, Zimmet, und wems beliebt, klein geschnittenen Citronenschaalen, wickelt jeden bestreuten Streifen auf, und setzt sie alle an einander in ein dick mit Butter bestrichenes rundes Becken. Wenn sie in diesem wieder recht schön gegangen sind, läßt man sie im Backofen schön gelb backen. Wems beliebt, kann auch recht fein geschnittene Aepfel in die Streifen streuen; es ist aber besser, wenn man den ausgewärgelten Platz zuerst bestreut, und dann erst die Streifen daraus schneidet. Man kann zwischen jeden aufgewickelten Schnecken, wenn er in das Becken gesetzt ist, ein klein wenig zergangenen Butter tropfen lassen, auch oben mit Zucker bestreuen.

183. Frankfurter Gogelhopf.

Man nimmt ein halb Pfund Butter, rührt ihn bis er wie Schnee ist. Dann werden 5 Eyer, eines nach dem andern hineingeschlagen, und eine halbe Stunde lang gerührt. Darnach thut man 4 Loth Zucker, 2 Löffelvoll dicke Hefen, ein halb Quart laue Milch, eine halbe Kaffeeschaale voll Rosenwasser, und ein Pfund vom schönsten Mehl dazu; rührt den Teig noch so lange, bis er sich vom Löffel schält, und füllet ihn in einen mit Butter bestrichenen, und mit Semmelmehl bestreuten Model. Wenn der Teig genug gegangen ist, läßt man den Gogelhopfen backen, und bestreuet ihn, so lange er noch heiß ist, mit Zucker und Zimmet.

184. Schneeballen zu machen.

Man nimmt ein Pfund Mehl, ein halb Quart Milch, etwas Zitronenschaalen, Muskatenblumen, die Milch läßt man aufkochen, und rührt in einem Kasseroll einen Teig von dem Mehl an, darnach thut man etwas gestoßene Mandeln und 20 Eyer darein, und arbeitet es gut durch, alsdann nimmt man ein Pfund abgeklärten Butter, läßt ihn scharf heiß werden, thut mit einem runden Löffel formweise den Teig hinein, und läßt ihn backen.

185. Hirschhorn zu machen.

Man nimmt ein viertel Pfund gemahlte Mandeln, eben so viel feinen klein geschlagenen Hutzucker und 4 Eyer, dann noch von 2 Eyern das Weiße, von einer Citrone die gelbe Schaale fein geschnitten, etwas Caneel, und so viel Mehl wie zu einem Teig nöthig ist, mit zwey Löffelvoll geklärten Butter und Rosenwasser zu einem Teig gut durchgearbeitet. Diesen Teig wärgelt man in lange Striemel, schneidet sie so lang, wie man die Hirschhorn haben will, kerbet sie am Ende ein, und läßt sie gar backen.

186. Eine Art Confekt, die man Hobelspähne nennt.

Nimm Mandeln, stoße sie klein, und thue etwas Gewürz dazu, auch ein wenig Rosen- und Zimmet-Wasser; dann schneide so schmale Striemen Oblaten, als die Hobelspähne sind, und schmiere von den gestoßenen Mandeln darauf, wickle sie zusammen über einen Stock wie Hobelspähne, lege sie auf Papier, und backe sie geschwind in einer Pfanne, die oben und unter Feuer hat, aber nicht braun. Es ist gut beim Trank aufzusetzen.

187. Strauben von gebrühtem Teig.

Man macht ein Quart Milch mit einem Stücklein Butter eines halben Hühnereyes groß siedend, säet unter stätem Umrühren ohngefähr 7 Löffelvoll Mehl darein und trocknet den Teig auf dem Feuer so lange ab, bis er sich von der Pfanne ablöst. Dann wird er in eine Schüssel gethan, gesalzen, und mit so viel Eyern angerühret, bis er läuft. Hierauf läßt man ihn durch einen Trichter, in eine so große Pfanne, als man die Strauben haben will, in heiß gemachtes Schmalz laufen, und bäckt sie schön gelb heraus. NB. Es ist gut,

gut, wenn man alles aus dem Schmalz Gebackene zuerst in einer flachen Schüssel auf Schnitten von schwarzem Brode legt, und wenn es da abgelaufen ist, erst in einer andern Schüssel mit Zucker bestreut.

188. Aepfel-Küchlein.

Hiezu sind die sogenannten Backäpfel die besten. Wenn sie geschält sind, kann man sie zu Scheiben oder Schnitzen schneiden. Alsdann wird folgender Teig angemacht: Man nimmt nach Belieben Mehl, je nachdem man viel oder wenig backen will. Zu 4 großen Löffelnvoll Mehl, welche mit Wein angemacht werden, wird einer wälschen Nuß groß Schmalz siedendheiß gemacht, und an den Teig gegossen. Wenn dieses recht hinein gerührt ist, wird von 3 Eyern das Weiße, und ein großer Kaffeelöffelvoll Zucker dazu gethan, und der Teig mit Wein vollends angerührt, daß er nicht zu dick, noch zu dünne ist; sondern er muß so seyn, daß wenn man die Aepfel in den Teig eindunkt, nichts davon abläuft. Dann macht man Schmalz in einer Pfanne heiß, legt so viel Aepfel hinein, daß sie nicht zu nahe an einander kommen, bäckt sie schön gelb heraus, und so fährt man fort, bis der Teig gar ist. NB. Wenn man viel bäckt, so muß man öfters wieder frisches Schmalz zu den vorigen thun, sonst wird es schwarz, und also das Backwerk nimmer schön. Man kann den Teig zu Aepfelküchlein auch nur mit siedend gemachtem Wein und ein wenig Zucker anrühren, und wenn er so ist, daß wenn man die Aepfelschnitze darein dunkt, etwas daran bleibt, so ist er zum Backen recht. Wer nicht Wein nehmen will,

will, kann den Teig auch nur mit weißem Bier anrühren. Die Küchlein werden davon auch schön.

189. Tabaks-Rollen.

Mache einen mürben Butterteig, und lasse ihn so lange ruhen, bis Folgendes geschehen ist. Nimm ein halb Pfund Zwiebeln und ein halb Pfund kleine Weinbeere, koche sie dann mit einem Glas Wein, bis sie keine Brühe mehr haben; thue ein halb Pfund Mandeln, wovon die eine Hälfte gestoßen und die andere klein geschnitten wird, nebst 4 Loth klein geschnittenen Citronat und Pommeranzenschaalen dazu, rühre dieß alles mit 4 Eyern an, wärgle den Butterteig guten Messerrücken dick aus, und bestreiche ihn damit, schneide so breite Riemen davon, als das dazu gemachte Holz ist, bestreiche es mit Butter, wickle den Teig darauf, umbinde es mit Bindfaden, lege es in siedheißes Schmalz, und lasse die Tabacksrollen auf dem Holze eine um die andere, schön gelb braten; lege sie auf Brodschnitten, und wenn sie abgelaufen sind, so bestreue sie in- und auswendig mit gestoßenem Zucker und Zimmet.

190. Bauern-Krapfen.

Dazu nimm einen Vierling Zucker und rühre ihn mit 4 Eyer-Dottern eine Viertelstunde lang recht stark; thue 4 Loth abgezogene und zu kleinen Würfeln geschnittene Mandeln, die Schaale von einer halben Citrone, 4 Löffelvoll Mehl und nach Belieben auch Anis daran. Wenn dieß alles recht durcheinander gemacht

macht ist, so setze davon kleine Häuflein auf Blatten, und lasse sie im Backofen schön gelb backen. Man kann die Mandeln auch weglassen.

191. Aepfel-Saum.

Brate sechs Porstorfer Aepfel, und thue das Mark davon. Dann nimm 4 oder 5 Löffelvoll gesiebten Zucker und rühre ihn mit den Aepfeln eine halbe Viertelstunde. Hierauf schlage von 2 bis 3 Eyerklaren einen dicken Schnee, rühre ihn nebst der Schaale von einer halben Citrone, auf dem Riebeisen abgerieben, langsam unter die Aepfel, mache ein Blech ein wenig heiß, bestreiche es mit weißem Wachs, setze mit einem Löffel Häuflein von beliebiger Größe darauf, und lasse sie langsam backen.

912. Braune Lebkuchen.

Nimm eine halbe Maaß Honig, und setze ihn in einer meßingenen Pfanne übers Feuer. Wenn er anfängt zu sieden, so thue ein halb Pfund gestoßenen Zucker darein, und lasse es so lange kochen, bis ein Tropfen, wenn man ihn auf einen Teller heraus thut, nicht mehr viel aus auseinander läuft. Hierauf wird ein halb Pfund Mandeln abgezogen, überzwerch geschnitten, und ein klein wenig in dem Honig gekocht, dann in eine Schüssel herausgethan, und 2 Messerspitzen voll feine Potasche, ein kleines halbes Gläschen voll Weinbrandwein, von 2 Citronen die Schaalen, 4 Loth Pomeranzen-Schaalen klein geschnitten, nebst ein Loth Zimmt, ein halb Loth Nägelein, Kardemomen und Ku-
weben,

weben, jedes für 1 Kreuzer, gröblicht gestoßen, alles in den Honig gethan und zuletzt, so lang der Honig noch recht heiß ist, 2 Pfund Mehl darein gerührt. Wenn mit diesem der Teig gerührt ist, wird ein wenig auf einer heißen Platte zwischen Kohlen probirt. Wenn er nicht zerläuft, so ist er recht; ist aber dieses, so wird noch mehr Mehl hinein gerührt, es muß aber geschehen, so lange der Teig noch warm ist, sonst nimmt er keins mehr an. Endlich wird der Teig nach Größe der Model gewogen. Diese werden mit ein wenig Mehl durch einen Flor bestreut, dann wird der Teig darein gedruckt, und auf ein mit Mehl bestreutes Blech gelegt, mit einem zerklepperten Ey bestrichen, und im Backofen gebacken. Der Teig zu den Lebkuchen muß vor dem Backen eines kleinen halben Fingersdick seyn.

Will man schlechtere braune Lebkuchen machen, so wird eine halbe Maaß Honig eine Viertelstunde gekocht, heiß in eine Schüssel gethan, und 2 gute Messerspitzenvoll Potasche, 3 Löffelvoll Kirschengeist, Weinbrantwein, nach Belieben ein wenig Pfeffer, Ingwer, Anis und Fenchel dazu gethan, Mehl so viel es annimmt, darein gerührt, und wenn die Lebkuchen, wie die vorigen, formirt, aufs Blech gelegt und bestrichen worden sind, mit abgezogenen halbirten Mandeln an den Ecken und in der Mitte belegt und gebacken.

193. Weiße Lebkuchen.

Man nimmt ein Pfund Mandeln, legt sie nur ein wenig in warmes oder etliche Stunden in kaltes Wasser, und schält sie ab. Wenn dieß geschehen ist werden sie mit einem Tuche abgetroknet, klein geschnitten, und auf einem Blech im Backofen gelb gemacht. Dann werden 8 Eyerweiße zum Schaum geschlagen, ein Pfund gesiebter Zucker dazu gethan, und mit diesem eine halbe Stunde recht stark gerührt; ein halb Loth Zimmet, ein halb Loth Karbemomen, ein Quint Nägelein, und ein halb Loth Muskatenblüthe, alles gröblicht gestoßen, und sammt 4 Loth Citronat, 4 Loth Pomeranzenschaalen, und von einer Citrone die Schaale klein geschnitten in den Zucker nebst den Eyern gerührt; zuletzt ein Pfund vom schönsten Mehl darein gesäet, und wenn alles recht durch einander gemacht ist, der Teig auf Oblaten gestrichen, die in der Größe wie der zwölfte Theil eines Bogen Papiers geschnitten sind, dann auf ein Blech gelegt, und in einem nicht gar heißen Ofen langsam gebacken. Sollte der Teig fließen, so thut man ein wenig Stärkmehl darunter.

194. Einen guten Marzipan zu machen.

Wenn man einen guten Marzipan machen will, so nimmt man 3 oder 4 Pfund gute Mandeln, nachdem man ihn dick haben will; man weicht diese Mandeln in ein frisches Wasser, und läßt sie eine Nacht stehen, so kann man sie des andern Morgens fein abziehen. Viele nehmen heißes Wasser dazu, daß sich die Schaalen ablösen, aber sie werden gelb davon, drum nehme man lieber kaltes Wasser. Wenn die Mandeln abgezogen und wohl gewaschen worden sind, so stoße man sie ganz klein; im Stoßen aber feuchte man sie mit Rosenwasser an, aber nur so viel, daß sie nicht öhlicht wer-

werden, die viele Näſſe iſt ſchädlich. Alsdann nehme man ſo viel guten Zucker, als man Mandeln hat, man kann auch wohl nur 3 Theile nehmen, ja etliche nehmen gar nur dur Hälfte. Der Zucker muß aber wohl geſtoßen, und durch ein Zuckerſieb geſiebt ſeyn. Dann rühre man die Mandeln und den Zucker zuſammen, ſetze es in einem meßingenen Keſſel über ein Kohlfeuer, und laſſe es abtrocknen, ſo lang, daß wenn man mit der Hand darauf ſchlägt, es nicht mehr anklebet. Man muß es aber im Trocknen wohl und viel rühren, daß es nicht anbrenne; alsdann lege man den Teig auf ein Brett, und formire, wie dicke und was für Stücke man daraus machen will, und laſſe ihn an einem nicht zu kalten und nicht zu warmen Orte, ſtehen daß er trocken wird. Zum Unterſtreuen und um die Finger ein wenig damit zu reiben, kann man etwas Stärkmehl nehmen, aber ja nichts in den Teig thun. Es iſt nun nichts mehr übrig, als der Zierrath zu machen, welcher beſteht, in Spiegeln und in Vergolden.

Eingemachte Sachen und Sulzen.

195. Hohlbeer-Saft.

Die Hohlbeere werden in einem Geschirre zugedeckt, in den Keller gestellt, bis sie anfangen Saft zu bekommen, und säuerlich zu werden. Alsdann werden sie durchgepreßt. Dann nimmt man zu einer halben Maaß Saft ein Pfund schönen Zucker, und läßt Beydes mit einander sieden, bis der Saft dick ist; sodann ist er fertig, und man füllet ihn, wenn er kalt ist, in kleine Zuckergläser oder Bouteillen.

196. Weichseln einzumachen.

Läutere ein halb Pfund Zucker, laß ihn ein wenig erkalten, und thue dann ein Pfund abgezopfte, oder besser mit kurz abgeschnittenen Stielen Weichseln darein und lasse sie eine Viertelstunde sieden, (aber man muß Achtung geben, daß sie nicht einschrumpfen.) Dann nimmt man die Weichseln heraus, und läßt den Saft noch so lange kochen, bis er ganz dick ist, gießt ihn alsdann über die Weichseln, und wenn sie erkaltet sind, so füllt man sie in Gläser. Bedeckt der Saft die Weichseln nicht so muß man noch mehr geläuterten Zucker darüber gießen.

Man kann auch die Weichseln aussteinen, und in dem geläuterten Zucker so lange kochen, bis die Brühe anfängt dick zu werden; so sind sie fertig. Diese gebraucht man zum Backwerk; aber man muß sie unter dem Kochen umrühren, denn sie brennen sonst gerne an. Wems beliebt, kann auch etwas Nägelein und Zimmet mitkochen lassen.

197. Weichseln sauer einzumachen.

Hiezu nimmt man schöne große Weichseln, schneidet die Stiele bis auf Fingersbreit davon ab, und nimmt ein Zuckerglas, macht in dieses eine Lage gestoßenen Zucker, auf diesen streut man nach Belieben gröblicht gestoßene Nägelein und Zimmet, dann eine Lage Weichseln, und endlich wieder Zucker und Gewürze. So fährt man fort, bis das Glas voll ist. Dann siedet man Weinessig, und wenn er wieder kalt ist, gießt man ihn über die Weichseln, bindet das Glas zu, sticht von oben Löchlein in das Papier, und behält sie zum Gebrauch auf. Man kann aber auch das Gewürz mit dem Essig und Zucker sieden, und wenn er kalt ist, auf die Weichseln gießen. Man rechnet insgemein zu einer hiesigen Maaß Essig ein wohlgewogenes halb Pfund Zucker. Wer will, kann das Glas etliche Tage in die Sonne stellen; es ist aber nicht nöthig, denn die Weichseln schrumpfen gerne davon ein. Eben so können auch die Schlehen eingemacht werden; nur daß der Essig siedend darüber gegossen werden muß, sonst werden sie nicht weich. Beide, Weichseln und Schlehen, gebraucht man zum Salat.

198. Ein=

und Sulzen.

189. Eingemachte Nüsse.

Die Nüsse werden um Johannis, wenn sie noch weich sind, abgenommen, und in jede Nuß wird vier bis achtmal mit einer Spicknadel oder Spindel gestochen. Dann legt man sie in einem Geschirr, wo sie viel Platz haben, in frisches Wasser. Alle Tage gießt man es ab, und gießt wieder anderes frisches daran. So läßt man sie 9 bis 10 Tage liegen. Dann setzt man sie mit frischem Wasser in einer meßingenen Pfanne aufs Feuer, läßt sie 2 bis 3 Walle aufthun und gießt sie ab; thut sie eine bis zwei Stunden in ein Sieb zum Abtrocknen, und steckt geschnittenen Zimmet und Nägelein in die Löcher. Dann nimmt man zu 50 Nüssen ohngefähr anderthalb Pfund Zucker, läutert ihn mit Rosenwasser bis er so dick ist daß er Fäden zieht; thut die Nüsse in ein Geschirr, und gießt den Zucker ab, thut noch ein Stücklein Zucker dazu, und läßt ihn noch einmal aufkochen, und dieses wiederholt man noch etlichemal. So oft man den Zucker aufkocht, muß ein Stücklein frischer dazu gethan werden. Will man die Nüsse weich haben, so läßt man sie eine Viertelstunde in dem Zucker mitkochen.

199. Quitten-Schnitze einzumachen.

Schäle Quitten, und schneide sie in 4 oder 8 Theile, je nachdem sie groß sind. Dann läutere ein Pfund Zucker mit einem Seidlein Wasser. Wenn er genug gesotten hat, so thue zwei Pfund von den Schnitzen darein, nud laß sie so langsam sieden, bis sie eine schöne Farbe bekommen. Dann nimm sie heraus

aus, und bestecke sie mit ganzem Zimmet und Nägelein. Wenn sie kalt sind, so lege sie in ein Glas, streue Citronenschaalen dazwischen; die Brühe lasse noch ein wenig kochen, bis sie dicklicht ist, und gieße sie alsdann laulicht über die Schnitze, binde das Glas mit Papier zu, und stich Löcher darein. Das Gewürz kann auch weggelassen werden.

200. Quitten-Latwerge.

Man reibet so viele Quitten, als ungefähr nöthig seyn möchten, um eine halbe Maaß Saft davon zu bekommen, mit einem Tuche sauber ab. Wenn dieß geschehen ist, werden sie auf einem Reibeisen abgerieben. Der Saft wird durch ein Tuch ausgepreßt und über Nacht in den Keller gestellt. An die ausgepreßten Quitten wird Wein gegossen, und, wenn dieser damit wohl gekocht hat, auch durch ein Tuch gepreßt. Hierauf nimmt man von dem ersten Safte eine halbe Maaß, thut ein halb Pfund Zucker und 2 Eyerklare, welche zum Schnee geschlagen werden müssen, dazu, schüttet es in eine Pfanne und läßt es eine gute halbe Stunde mit einander sieden. Dann läßt man es durch ein Tuch oder Haarsieb laufen, gießt es wieder in eine Pfanne, thut einen Vierling von dem letzten Safte der ausgepreßten Quitten dazu, und läßt es mit diesem so lange sieden, bis es zäh über den Löffel läuft. Endlich gießt man es in Model oder Gläser, und stellt es einige Tage in die Stube zum Trocknen.

201. Hagenbutzen-Mark.

Es werden schöne reife Hiefen in der Mitte entzwey geschnitten, sauber ausgeputzt und gewaschen. Alsdann

dann läßt man sie in einer Schüssel 3 bis 4 Tage stehen, bis sie teig (morsch) sind. Nun werden sie durch einen Seiher getrieben, und zu 1 Pfund Mark 1 Pfund Zucker geläutert, bis er Fäden zieht. Dann thut man ihn eine Viertelstunde vom Feuer, daß er ein wenig erkaltht, rühret das Mark hinein, thut es wieder aufs Feuer, und läßt es unter stätem Umrühren, noch eine starke Viertelstunde kochen; stellt es vom Feuer, und wenn es kalt ist, wird es in ein Zuckerglas gethan, dieses wird mit Papier zugebunden, und darein mit einer Klufe (Stecknadel) Löchlein gestochen. Man kann auch nur den geläuterten Zucker an das Mark rühren, und wems beliebt die Schaale von einer Citrone klein geschnitten, darunter thun; aber dann kann man das Mark nicht so lange aufbehalten.

Auch kann man das Mark in eine Schüssel thun, und wenn es ein halbes Pfund ist, anderthalb Viereing vom feinsten gesiebten Canarien-Zucker nach und nach darunter rühren, in ein Glas füllen, und so aufbehalten.

202. Englischer Kuttelfuß.

Man nimmt ein schön abgesottenes Rinds-Maul und einen Fuß; wäscht Beides noch einmal sauber ab, und schneidet es in lauter kleine halben Fingers lange, und so dünne Stücklein, als nur zu schneiden möglich ist; thut es in ein Geschirr und gieß Fleischbrühe ohne Alt, oder in Ermanglung derer so viel heißes Wasser daran, daß es darüber geht, thut eine Hand voll Salz, nebst der klein geschnittenen Schaale von einer oder zwey Citronen, eine ganze mit Nägelein besteckte Zwiebel, und wems beliebt, ein Quart Weinessig daran. Mit diesem läßt man es zwey gute Stunden kochen. Dann nimmt man ein halbes Pfund recht frischen Speck, schneidet ihn zu kleinen Würfeln, und thut ihn nebst einen Quint gestoßenem Pfeffer dazu. Mit diesem läßt man es noch eine gute Viertelstunde kochen. Dann probirt man es auf einem Teller, ob es fest genug ist. Ist dieses, so nimmt man die Zwiebel davon heraus, dunkt einen dazu beliebigen Model in kaltes Wasser, gießt das Gekochte hinein, und wenn es gestanden und kalt ist, stürzt man den Model auf eine Schaale um. Man kann auch etwas mageres dürres (gebiegenes) Fleisch vor dem Einfüllen darunter schneiden; beßgleichen in den Model abgeschälte Pistacien streuen.

203. Wein-Sulz.

Schneide anderthalb Loth Hausenblasen ganz klein, weiche sie etliche Stunden in ein Quart lauem Wasser, gieße ein Seiblein (halbe Maaß) Wein daran, thue die Schaale von einer Citrone dazu, wie auch vier bis sechs ganze Nägelein, ganzen Zimmet in kleine Stücklein gebrochen und ein wenig ganzen Safran. Dieß Gewürz muß alles in ein kleines Tüchlein gebunden und sammt den Citronenschaalen in den Wein gethan werden. Mit diesem wird er in einem meßingenen Pfännlein auf das Feuer gesetzt, so lange gekocht, bis die Hausenblase völlig aufgelöst ist, und mit einem silbernen Löffel manchmal umgerührt. Dann zerklopfe ein halb Pfund feinen Zucker in kleine Bröcklein, thue ihn nebſt der Schaale und dem Safte von einer Citrone in eine zinnerne Schüſſel, gieße den ſiedenden Wein darauf, und rühre es ſo lange mit einem ſilbernen Löffel, bis der Zucker geſchmolzen iſt. Dann gieße es durch ein Tuch auf porzellanene Schaalen und laſſe es an einem kühlen Orte ſtehen.

204. Chocolade-Krem.

Man läßt ein Quart ſüßen Rahm und eben ſo viel Milch ſiedend werden. Indeſſen reibet man einen Vierling auch etwas weniger, Chocolade, thut ihn, nebſt einem Stücklein Zimmet und Zucker ſo viel als beliebt, in die Milch, läßt ihn eine Viertelſtunde kochen, und rührt es, nachdem man den Zimmet herausgethan hat, mit 6 Eyerdottern an; gießt den Krem in eine beliebige Schaale, ſtellt dieſe auf heißes Waſſer, und läßt ihn ſo lange darauf, bis er geſtanden iſt. Auf dieſen Krem kann man von Oblaten Buchſtaben oder Streifen, oder kleine Blümlein ſchneiden, ſie mit dem weißen Zucker-Eis beſtreichen, ſolche trocknen laſſen, und den Krem vor dem Auftragen damit belegen; ſo ſieht er ſehr ſchön aus. Man kann den Chocolade-Krem auch ſtatt der Milch mit halb Waſſer und Wein, aber kalt, anrühren, übrigens wie den mit Milch kochen.

www.ingramcontent.com/pod-product-compliance
Lightning Source LLC
Chambersburg PA
CBHW021954290426
44108CB00012B/1062